漢文のルール

鈴木健一【編】

笠間書院

漢文のルール◉鈴木健一［編］

目次

◉はじめに

ようこそ漢文の世界へ

国語の中になぜ漢文はあるのか？

みなさんが中学や高校で受けた、もしくは受けている国語の授業は、現代国語と古典（古文・漢文）から成り立っていたのではないでしょうか？

漢文の教科書には、菅原道真《すがわらのみちざね》の漢詩のような日本漢文も含まれていますが、ほとんどが中国の思想書や文学作品によって構成されています。この本をお読みの方々も、漢文と言えば、『論語《ろんご》』や『老子《ろうし》』『荘子《そうじ》』といった思想を説いた論説や、杜甫《とほ》・李白《りはく》をはじめとする漢詩などがすぐ思い浮かべられるのではありませんか？

どうして中国思想や文学が、国語として学ばれねばならないのでしょうか？

それは、日本文化の根源的なありかたに関わっているのです。

そもそも四大文明に黄河《こうが》流域のそれが入っていたように、中国には古くから先進的な文化がありました。日本も、その影響を受けて、自らの社会や文化を形作ってきたのです。ですから、日本人の教養には、中国的なものが多く流入しています。日本語も漢文が骨格になって、その上で生成されてきた言語です。そこで、国語という教科を学ぶ上でも、漢文が含まれているわけです。

もっとも急いで二つのことを付け加えます。

一つは、日本が、中国の影響を受けて自らの社会や文化を形作ってきたことはそうであるにしても、そこには日本独自の取り込み方の工夫があって、受け身であるばかりではなかった、ということです。日本語の問題を取ってみても、平仮名を開発し、和漢混淆文《わかんこんこうぶん》を作り上げることで、抽象的な思考に耐えうる硬質な漢文と、柔軟で繊細な和文とが混じり合い、高度な言語文化を出現させたと言えます。

もう一つは、今日において、漢文という教科を取り巻く環境が変化しているということです。さきほど国語は現・古・漢から成り立っていると記しましたが、漢文はむずかしい、漢文まで入れると国語という教科の負担が重すぎるなどの理由によって、漢文に時間や労力を割く高校生は減っているように思われます。じっさい、大学入試の国語でも漢文は出題されない場合が往々にしてあります。私自身は、高校生には国語という教科の中でしっかりと漢文も学んでほしいと願っていますし、日本人の教養として漢文は必須と思うのですが、漢文という教科はやや劣勢に立たされているという現状も認識しておく必要があります。

日本人の教養としての漢詩文――『枕草子』

日本文学の作品においても、『万葉集』以来、漢詩文の影響は色濃く認められます。たとえば、平安時代初期に日本に伝わった、中唐《ちゅうとう》の詩人白居易《はくきょい》(七七二〜八四六)の詩は、内容が分かりやすくかつ感傷的なところが日本人に向いていたせいもあって、当時の知識人に広く受け入れられました。

清少納言《せいしょうなごん》の随筆『枕草子』には二八〇段「雪のいと高う降りたるを、例ならず御格子《みこうし》まゐりて」という有名な章段があります。雪がたいそう降り積もっていた折に、御格子をおろして、炭櫃《すびつ》のまわりで女房たちが話をしていました。すると、中宮定子《ちゅうぐうていし》が「少納言よ、香炉峰《こうろほう》の雪はどんなであろうか」と仰せになったので、御格子を上げさせて、御簾《みす》を高く巻き上げたところ、定子はお笑いになったという逸話が記されています。

このやり取りは、白居易の「香炉峰《こうろほう》下、新たに山居《きんきょ》を卜《ぼく》し、草堂《そうどう》初めて成り、偶《たまたま》東壁《とうへき》に題す」という七言律詩の中にある詩句、

遺愛寺ノ鐘ハ欹テテ㆑枕ヲ聴キ　香炉峰ノ雪ハ撥ゲテ㆑簾ヲ看ル

遺愛寺《いあいじ》の鐘は枕を欹《そばだ》てて聴き　香炉峰《こうろほう》の雪は簾《すだれ》を撥《かか》げて看《み》る

を踏まえています。清少納言は、定子の〈香炉峰の雪はどんなであろうか〉ということばを聞いて、とっさに白居易の〈香炉峰に積もった雪は、簾をはね上げて眺める〉という表現を思い出して、〈そうだ、香炉峰の詩のように、簾を巻き上げて定子さまは雪をご覧になりたいのだな〉と察して、そのように行動したということなのです。定子が女房たちの教養を試したのだとも言えますね。

『枕草子』では、この白居易の詩句はみんなが知っていたけれども、即座に行動に移せなかった、と他の人々が言っていたとも記されています。つまり、白居易の詩が宮中で愛誦《あいしょう》され、それを踏まえて、右に述べたような知的で優雅なふるまいが行われたわけです。

日本人の教養としての漢詩文――『おくのほそ道』

もう一つ、古典文学の享受例を挙げてみます。松尾芭蕉《まつおばしょう》が、元禄二年（一六八九）、『おくのほそ道』の旅で奥州平泉《おうしゅうひらいずみ》を訪れた場面です。こちらも、中学の教科書に必ず載っている有名な文章ですね。

そこで詠まれた、

夏草や兵《つはもの》どもが夢の跡

という句は、きわめて人口に膾炙《かいしゃ》しています。句意はこんな感じでしょうか。

あたり一面茫々と夏草が生い茂っている、ここは五百年以上も前に源平の合戦で落ち延びてきた源義経ら勇士たちが功名を夢見て奮戦した場所である。夏草は毎年生えてくるけれども、人間は限りのある時間を生きる存在であることだ。

悠久《ゆうきゅう》な自然とはかない人間とが対比されて、大きな時間の流れが謳《うた》い上げられており、絶唱と言うにふさわしい一句と言えます。

さて、その直前の文章は、次のようになっています。

国《くに》破れて山河《さんが》あり、城春《しろ》にして草青《あを》みたりと、笠打敷《かさうちしき》て、時のうつるまで泪《なみだ》を落《おと》し侍《はべ》りぬ。

「国土は破壊されても、山や川などの自然はもとのままであり、街中には春になると、草木が青々と茂っている」という有名な詩句を思いながら、笠を敷いて腰を下ろし、いつまでも涙を流していたことだ。

これを読むと、文章と句それぞれの内容が照応していることがわかります。どちらにも自然はいつまでも変わりがないが、人間の営みには限りがあるという概嘆があります。まず、文章の方でそのような主題を打ち出して、句によってそれを凝縮した表現で訴えているとも言えるでしょう。

この時、芭蕉が思い起こした「国破れて山河あり、城春にして草青みたり」は、盛唐《せいとう》の詩人杜甫（七一二〜七七〇）の有名な詩「春望《しゅんぼう》」の一・二句目（「首聯《しゅれん》」と言います）、

国破《レテ》山河在《リ》
城春《ニシテ》草木深《シ》

国破れて山河在り
城春にして草木《そうもく》深し

でした。多くの人々が知っている杜甫の詩の一節が、平泉の古戦場をまのあたりにして、実感をもって把握されたわけです。昔の中国の詩人が抱いた感慨を、日本の光景で今私は追体

験していると感じることで、感動もいっそう深まっていきます。

❀日本人の教養としての漢詩文——近代文学

今度は、近代文学における享受の例を挙げてみます。

夏目漱石に『草枕』という作品があります。「山路を登りながら、かう考へた。智に働けば角が立つ。情に棹《さを》させば流される。意地を通せば窮屈だ。兎角《とかく》に人の世は住みにくい」という、有名な冒頭がよく知られています。

その中で作者は、感情的なものに飽き飽きしたと述べた後、「うれしい事に東洋の詩歌はそこを解脱したのがある」として、東晋・宋の詩人陶淵明《とうえんめい》（三六五〜四二七）の代表作「飲酒」その五にある、

采ルレ菊ヲ東籬ノ下　　菊を采る　東籬の下

悠然トシテ見ル二南山ヲ一　　悠然として南山を見る

を引用し、「超然と出世間的に利害損得の汗を流し去つた心持ちになれる」としているのです。

右の詩句は、菊の花を東側の垣根のもとで手折り、心をゆったりとさせて南方の山をながめる、という意味です。

芥川龍之介にも「漢文漢詩の面白味」という短い文章があります。そこで、芥川は漢詩漢文を学べば有益である、日本語は中国語の影響を受けており、そのため過去の日本文学を鑑賞する上でも、これから日本文学を創造する上でも意味がある、と述べています。

明治時代になると、西洋的な価値観が移入されて、日本人もそれを標準とするようになっていきます。ただ、この時期には、漢詩文もまだ日本人の学ぶべき教養としてある程度認知されていたと言えるでしょう。

本書の内容

さて、本書の内容は次のような10章から成り立っています。

1　返《かえ》り点、一二点《いちにてん》、上下点《じょうげてん》から始めよう
2　置《お》き字《じ》を見分けるには？
3　返読文字《へんどくもじ》に注意しよう
4　再読文字《さいどくもじ》とは何か？
5　否定形のさまざま
6　疑問形と反語形《はんごけい》はどう区別するか？
7　漢詩のルール
8　知っておきたい『論語《ろんご》』のことば

9　楽しい故事成語《こじせいご》の世界
10　中国の地名とその特色

1から7までは高校の漢文の教科書で習うような文法的な知識のうち最も重要なものを取り上げています。厳密に言うと、1は最も基本的な訓読のルールで、2・3・4は用字法、5・6は句法、7は漢詩に特化したルールです。これらを読んだだけで漢文のルールについてのすべてが理解できるというわけではありませんが、主だったものにざっと触れ、その精神性や技術的な論点をおおまかに把握することはできるでしょう。それだけでもかなり読む力が養われます。

ただ、文法的なものだけでは読者の方が少し堅苦しいと感じるかもしれないと思いましたので、8・9・10には、漢文の内容に関わる基礎知識を掲げました。『論語』や故事成語《こじせいご》、また有名な中国の地名は現在の日本人の教養としても欠かせないと思われます。

漢文はおもしろい！

私は中学三年生の時に、文庫本で『論語』を通して読み、とてもおもしろいと思いました。内容もさることながら、漢文の持つきびきびした文体について非常に新鮮に感じたという記憶があります。背筋がしゃんとするというのでしょうか、凛《りん》とした響きが素敵です。

今でも授業で漢文を時折読むのですが、淀みなく読めるように前日に一度練習します。百人以上もの人たちを前にして、朗々と漢文を読み上げると気持ちがいいですし、聴いている人たちもその響きに感動してくれるように思われます。

また、高校の時の授業で『史記《しき》』の「鴻門《こうもん》の会《かい》」や「四面楚歌《しめんそか》」の場面に接した際には、生きることの厳しさや切なさを強く感じ取ることができました。日本の文学にはない、底知れぬ力強さがあると思いました。

「白髪三千丈《はくはつさんぜんじょう》」なんていう表現も中国ならではのスケールの大きさですよね。さきほど述べたように、日本には日本のよさがあります。でも、そもそも影響を受けた外国文化も理解することで、日本への理解も深まるはずです。

本書を読めば、漢文の表現や内容を読解するハードルを下げることができます。みなさんも豊かな漢文世界へぜひ分け入ってみて下さい。

▼**鈴木健一**

＊引用した漢文・古文の振り仮名は、音読みするものは現代仮名遣い、訓読みするものは歴史的仮名遣いとしました。

第1章◉【返《かえ》り点《てん》、一二点《いちにてん》、上下点《じょうげてん》から始めよう】

最も基本的なルールです。

訓読とは

漢文は中国古来の文章です。今から二千年以上前に中国で成立した書き言葉です。時代による変化はありますが、基本的な文法や単語は一定しています。日本人は昔から「訓読《くんどく》」という方法を用いて、漢文を読んできました。「訓読」とは、もともとは外国語である漢文に「返り点」や「送り仮名」などをつけて日本語の語順で読むことができるようにしたものです。『論語《ろんご》』為政篇《いせいへん》に次のような文があります。

子曰、学而不思則罔、思而不学則殆。

この漢文に返り点と送り仮名とを付けて、

子曰《ハク》、学《ビテ》而不《ざレバ》レ思《ハ》則《チ》罔《シ》、思《ヒテ》而不《ざレバ》レ学《バ》則《チ》殆《シト》。

としたうえで、

子曰《しい》はく、学びて思はざれば則《すなは》ち罔《くら》し、思ひて学ばざれば則《すなは》ち殆《あやふ》し、と。

と読みます。これが「訓読」です。

漢文に用いられた漢字を用い、送り仮名の部分を平仮名で仮名交《かなま》じり文に直した最後の文を「書き下《くだ》し文」と言います。

「返り点」が用いられる理由

漢文のもととなる中国語は孤立語《こりつご》であり、膠着語《こうちゃくご》に属する日本語とは言語の系統が違います。同じ漢字を用いていても、漢文と日本語とでは、文法が異なり、語順が異なる場合も多いのです。熟語を用いて例を示しましょう。漢語文法の基礎となる文法的な関係として、次の四つの関係を挙げることができます。

①主述関係（主語―述語）　地震〔地震ふ《ふる》〕　山高〔山高し〕
②修飾関係（修飾語―被修飾語）　美声〔美しき声〕　速成〔速《すみや》かに成る〕
③並列関係（並列語―並列語）　鳥獣〔鳥と獣〕　死生〔死と生〕
④補足関係（述語―補足語）　読書〔書を読む〕　帰郷〔郷に帰る〕

①の「地震」は述語が動詞の例です。「山高」は述語が形容詞の例です。
②の「美声」は修飾語「美」が形容詞的修飾語（連体修飾語）です。「速成」は修飾語「速」が副詞的修飾語（連用修飾語）です。
③は同一の機能をもつものが、並列的に結合している関係です。

漢文を訓読する場合、直読（順読）するものと返読するものとの二種類があります。右に挙げた四つの文法的関係において、①②③の場合は日本語と語順が一致していますから、直読すればよいことになります。問題となるのは④の「補足関係」の場合です。漢文では述語を補足する補足語（目的語・補語）は述語の後に置かれますが、日本語では述語の前に来ます。したがって、訓読する場合は「返り点」を用いて日本語の語順に改め、返読する必要があるのです。「返り点」は、返読する順番を示す記号です。右に挙げた例の「読書」「帰郷」の場合は「読レ書」「帰レ郷」のように「レ点」という返り点をつけ、それぞれ「書を読む」「郷に帰る」と読みます。なお「レ点」は下の字に属し、その左肩につけるのが原則です。その他の「一二点」などは字の左下につけます。

④の補足関係について、もう少し踏みこんで説明しましょう。補足語には「目的語」と「補語」があります。先に挙げた例では、「読書」の「書」は目的語、「帰郷」の「郷」は補語になります。「目的語」は述語の目的となる語で送り仮名として多く「ヲ」をつけます。「補語」は述語の意味を補う語で、送り仮名としては「ニ」「ト」「ヨリ」などをつけます。昔から、「ヲニト（鬼と）おうたら返れ」という教え方がありました。下から上に返る語には「ヲ」「ニ」「ト」などの送り仮名がつくことが多いからです。

補足関係の文は次の五つが基本形です。「於」の字は省略することができます。C・D・Eは目的語・補語が二つ使われています。

A　主語＋述語＋目的語

君子ハ懐フレ徳ヲ。

君子は徳を懐《おも》ふ。

（『論語』里仁《りじん》）

B　主語＋述語＋（於）＋補語

良薬ハ苦シ二於口ニ一。

良薬は口に苦《にが》し。

（『孔子家語《こうしけご》』六本《りくほん》）

C　主語＋述語＋目的語＋（於）＋補語

孔子問フ二礼ヲ於老子ニ一。

孔子　礼を老子に問ふ。

（『史記』老子韓非《ろうしかんぴ》列伝）

D　主語＋述語＋補語＋目的語

漢王授ク二我ニ上将軍ノ印ヲ一。

漢王　我に上将軍《じょうしょうぐん》の印を授《さず》く。

（『史記』淮陰侯《わいいんこう》列伝）

E　主語＋述語＋補語＋（於）＋補語

管仲任ズ二政ニ於斉ニ一。

管仲《かんちゅうせい》政に斉《せい》に任ず。（『史記』管晏《かんあん》列伝）

「返り点」の用いられるその他の例

漢文では、否定を表わす語は述語の前に置かれ、述語のあとに置かれる日本語とは語順が違います。この場合も「返り点」を用いて日本語の語順に改める必要があります。

君子ハ不レ器ナラ。

君子は器《うつは》ならず。（『論語』為政《いせい》）

非ザレバレ法ニ不レ言ハ、非ザレバレ道ニ不レ行ハ。

法に非《あら》ざれば言はず、道に非ざれば行《おこな》はず。（『孝経』卿大夫章《けいたいふしょう》）

前置詞「以」「与」「従」などを用いた場合も返り点を用いて日本語の語順に改めます。前置詞は、名詞や名詞句の前に置かれて、前置詞句を形成し、述語と連絡して種々の意味を表わす品詞です。

以テレ徳ヲ報ユレ怨ミニ。

徳《とく》を以《もっ》て怨《うら》みに報《むく》ゆ。（『論語』憲問《けんもん》）

前置詞「以」は名詞「徳」と一緒になって前置詞句「以徳（徳を以て）」を形成します。その前置詞句が、動詞「報」と補語「怨」で構成される述語「報怨（怨みに報ゆ）」に対して手段・方法を補足し、「恩徳でもって怨みにこたえる」という意味になるのです。この「前置詞＋名詞」の部分で返り点が使われます。他の前置詞の例も挙げておきましょう。

礼ハ与《とも》ニレ俗ト化ス。

礼は俗と与《とも》に化す。（『淮南子《えなんじ》』氾論訓《はんろんくん》）

善ク与《と》レ人交ハル。

善《よ》く人と交《まじ》はる。（『論語』公冶長《こうやちょう》）

病ハ従《より》レ口入リ、禍ハ従リレ口出ヅ。

病《やまひ》は口従《よ》り入り、禍《わざはひ》は口従り出《い》づ。（『傅子《ふし》』附録）

「与＋俗」「与＋人」「従＋口」の部分が「前置詞＋名詞」で前置詞句を構成しています。なお、書き下し文にする場合、「と」と読む場合の「与」は漢字は残さず、平仮名で表記します。

返り点には「レ点」「一二点」「上下点」「甲乙点」などいくつか種類があります。その具体例を説明しましょう。

「レ点」の用法

「レ点」は下の一字から上の一字に返る場合に用います。片仮名のレの字に似ているので「れ点」と言い、鳥の雁《がん》（かり・かりがね）が整然と列をなして渡りをする姿に似ているので「かりがね点」とも言います。例文を見てみましょう。

少年易ク㆑老イ学難シ㆑成リ。

少年老《お》い易《やす》く学成り難《がた》し。

（『滑稽詩文』）

返り点の無い箇所は上から下に読み進めます。右の例文では、一・二字目の「少年」には返り点がありませんので、まず「少年」を読みます。三・四字目の「易老」の二字の間にレ点がありますので、四字目の「老」を先に読み、つぎに一字上の「易」の字に返って読みます。ここまでの四字「少年易老」は「少年老い易く」と読むわけです。なお、終止形の「易し」ではなく「易く」と連用形で読むのは、前半の「少年易老」と後半の「学難成」とが関連して一文をなしているので、ここで言い止めずに後につなげるためです。

後半の「学難成」については、まず五字目の「学」の字には返り点はありませんから、そのまま読みます。六・七字目の「難成」の二字の間に「レ点」がありますので、七字目の「成」を読んでから、一字上の「難」に返って読みます。後半の三字「学難成」は「学成り難し」と読みます。七字全体では「少年老い易く学成り難し」となるわけです。

歳月ハ不《ず》レ待タレ人ヲ。

歳月は人を待たず。

（陶淵明「雑詩」）

「レ点」が連続して使われる場合があります。右の例文「不待人」の部分では、「待」の字を読んでから、その上にある「不」の字に返るのですが、「待」の字を読むためには、その下にある「人」の字を先に読まなければなりません。したがって、「人」↓「待」↓「不」の順に読むわけです。訓読は「人を待たず」になります。

「一二点」の用法

一二点は二字以上を隔てて上に返るときに用います。

懸ゲテ二羊頭ヲ一売ル二狗肉ヲ一。

羊頭《ようとう》を懸《かか》げて狗肉《くにく》を売る。

みせかけだけが立派で、実質が伴わないことを示す「羊頭狗肉」という成語のもとになった文です。『無門関《むもんかん》』という禅《ぜん》の公案集《こうあんしゅう》が出典です。目的語の「羊頭」も「狗肉」もともに二字の熟語なので、「懸」「売」に返って読むためにそれぞれ「一二点」が使われています。

「一」「二」に加えて「三」「四」…が使われることもあります。例を挙げましょう。

夫差曰ハク、吾無シト三以テ見ル二子胥ヲ一。

夫差《ふさ》曰はく、吾《われ》以《もっ》て子胥《ししょ》を見る無し、と。

（『十八史略』春秋戦国）

「臥薪嘗胆《がしんしょうたん》」の成語で知られる故事に見える文です。春秋時代、越王の句践《こうせん》に父を殺された呉王の夫差《ふさ》は薪《たきぎ》の上に寝て、復讐の心をかきたて、やがて句践を破ります。しかし、臣下の子胥《ししょ》の意見を聞かずに句践を許し、逆に子胥に自殺を命じました。そののち句践は苦い肝《きも》を嘗《な》めて復讐を誓い、夫差を破って呉を滅ぼしました。右の例文は、追いつめられた夫差が自殺する場面で「子胥に会わせる顔がない」と嘆いた言葉です。『十八史略《じゅうはっしりゃく》』という歴史書に見える話です。

返読する場合の動詞が二字以上の熟語である場合があります。その時は熟語の字の間をハイフン「-」でつないで一つの単語であることを示し、第一字目の左下に返り点をつけます。このハイフン「-」を「合符」と言います。なお、この合符は無くてもかまいません。例を挙げておきます。

秦人恐二-喝シテ諸侯ヲ一、求ムレ割《さ》カンコトヲレ地ヲ。

秦人《しんひと》諸侯を恐喝《きょうかつ》して、地を割《さ》かんことを求む。

（『十八史略』春秋戦国）

❀「上下点」の用法

「上下点」は一二点のついた句を間に挟んで、もっと上へ返る時に用います。二つ必要な場合は「上」「下」を、三つ必要な場合は「上」「中」「下」を使います。

客《ニ》有《リ》下能《ク》為《ス》二鶏鳴《ヲ》一者上。

客《かく》に能《よ》く鶏鳴《けいめい》を為《な》す者有り。

（『十八史略』春秋戦国）

君子《ハ》欲《ス》下訥《とつ》《ニシテ》二於言《ニ》一而敏《ナランコトヲ》中於行《ヒニ》上。

君子は言に訥《とつ》にして行《おこな》ひに敏《びん》ならんことを欲す。

（『論語』里仁）

「レ点」は「一二点」「上下点」の「一」や「上」とともに用いられることがあります。その場合は「一レ」「上レ」という記号が使われます。

有《ル》レ言者《ハ》、不二必《ズシモ》有《ラ》一レ徳。

言有る者は、必ずしも徳有らず。

（『論語』憲問）

天下無《ク》下賢《ト》与《と》二不肖一、知《ルト》与《と》上レ不《ル》レ知《ラ》、皆慕《フ》二其《ノ》声《ヲ》一。

天下賢《けん》と不肖《ふしょう》と、知ると知らざると無く、皆其の声を慕《した》ふ。（『史記』游侠《ゆうきょう》列伝）

ここで、使役動詞「使」「令」「教」「遣」などを用いた文についても説明しておきます。
使役形の基本的な形は次のようになります。

主語＋使役動詞＋対象＋動詞（＋補足語）

訓読する場合は、対象（名詞か代名詞）の字に「ヲシテ」と送り仮名をし、下の動詞の未然形を先に読み、それから使役動詞に返って、それを「シム」と読むのが原則です。「補足語」が有る場合は「補足語」を先に読んでから、「動詞」に返り、さらに「使役動詞」に返りますので、「一・二・三」点や「一レ」点を使うことが多くなります。例を挙げましょう。

天帝使《ム》三我《ヲシテ》長《タラ》二百獣《ニ》一。

天帝我をして百獣に長《ちょう》たらしむ。（『戦国策』楚策）

秦王令《ム》二趙王《ヲシテ》鼓《セ》レ瑟《ヲ》。

秦王《しんのう》趙王《ちょうおう》をして瑟《しつ》を鼓《こ》せしむ。（『史記』廉頗藺相如《れんぱりんしょうじょ》列伝）

「甲乙点」の用法

甲乙点は上下点のついた句を間に挟んで、もっと上へ返る時に用います。「甲・乙・丙……」のついた句を間に挟んで、もっと上に返る場合は「天・地・人」を使いますが、そのような文は実際にはほとんどありません。ここでは「甲乙点」を使った例を挙げるにとどめます。

陵ノ一呼シテ労ヘバ㆑軍ヲ、士ノ無㆚シ不ザル㆘起チテ、躬自ラ流シ㆑涕ヲ、沫ヒ㆑血ヲ飲ミ㆑泣ヲ、更ニ張リ㆓空拳ヲ㆒、冒シ㆓白刃ヲ㆒、北ニ嚮ツテ争ツテ死セ㆖㆑敵ニ者㆙。

陵《りょう》の一呼《いっこ》して軍《ぐん》を労《ねぎら》へば、士《し》の起《た》ちて、躬《み》自《みづか》ら涕《なみだ》を流《なが》し、血《ち》を沫《ぬぐ》ひ泣《なみだ》を飲《の》み、更《さら》に空拳《くうきょ》を張《は》り、白刃《はくじん》を冒《をか》し、北《きた》に嚮《むか》つて争《あらそ》つて敵《てき》に死《し》せざる者無《ものな》し。

司馬遷《しばせん》が死刑を宣告された友人の任安《じんあん》（字《あざな》は少卿《しょうけい》）に対して送った手紙「報任少卿書（任少卿に報ずる書）」のなかにみえる文です。「陵」は前漢の将軍李陵《りりょう》のことです。司馬遷は匈奴《きょうど》に降《くだ》った李陵を弁護したため、武帝の怒りに触れ、宮刑に処せられました。任安に向けて、李陵を弁護した時の状況を述べるなかで、李陵の匈奴に対する奮戦ぶりを描いた文章です。「報任少卿書（任少卿に報ずる書）」は名文として、梁《りょう》の昭明太子《しょうめいたいし》が編纂させた『文選《もんぜん》』に収められています。

✿「レ点」をつける位置の問題

「レ点」によって結ばれる二字が二行にまたがる場合の表記の問題について説明しておきましょう。

無用なものをつけたす意味で用いられる「蛇足《だそく》」という故事成語はご存知ですね。余裕を示すために描き終えた蛇に足を加え、酒を飲みそこねた人の話です。『戦国策』斉策に見えるその話のなかに、

請フ画キテレ地ニ為シレ蛇ヲ、先ヅ成ル者飲マントレ酒ヲ。

請《こ》ふ地に画《ゑが》きて蛇を為《な》し、先《ま》づ成る者酒を飲まん、と。

という文が出てきます。

かりに「飲」の字が行の最後に来た場合、「レ点」はどこにつけるべきでしょうか。

A　□□□□飲
　レ酒。

B　□□□□飲レ

酒。

AとBの二通りの表記が考えられますが、どちらが正しいのでしょうか。「レ点」は下の字の左肩につけるのが原則ですので、かつてはAのようにつけるのがふつうでした。江戸時代の版本《はんぽん》を見ると大抵そうなっています。しかし、現在は印刷の都合によるのでしょうか、Bの方式が一般的になっています。高校の教科書等で確認してみてください。

なお、「一二点」「上下点」などは、文字の左下につけるのが原則ですので、昔と今との違いはありません。

▼日原　傳

参考文献
小川環樹・西田太一郎『漢文入門』（岩波全書、一九五七年）
鈴木直治『中国語と漢文』（光生館、一九七五年）
原田種成『私の漢文講義』（大修館書店、一九九五年）
加地伸行『漢文法基礎』（講談社学術文庫、二〇一〇年）
金文京『漢文と東アジア―訓読の文化圏』（岩波新書、二〇一〇年）

第2章◉

【置《お》き字《じ》を見分《みわ》けるには】

訓読しないことには意味があります。

「置き字」＝訓読するとき読まない字

漢文を訓読するとき、読まない漢字があります。それを「置き字」と呼びます。本章は、「置き字」のお話です。

初めに「置き字」の例を一つ見てみましょう。『論語』学而篇に載る孔子の言葉に、「巧言令色、鮮矣仁」（巧言令色《こうげんれいしょく》、鮮《すく》なし仁）というものがあります。「仁」の具体的な意味をめぐっては、後世の学者によって意見が分かれるところですが、取り敢えず「最上の徳目」として理解しておきましょう。「口先でうまいことを言って、表情を取りつくろう（つまり、媚びへつらう）人には、仁が少ない」とのキツ〜イお言葉です。ここでの「置き字」は、訓読では読まれていない字、すなわち「矣」です。

なるほど、「矣」の字には特に何の意味はないのですね、と思われるかもしれません。でも、ちょっと待ってください。本当にそうでしょうか。

読まない字にも意味がある

「鮮矣仁」を現代中国語の発音で音読すると、「シエン・イー・レン」となります。「矣」の字は、しっかり「イー」と発音されるのです。文字として書かれ、発音されるからには、「矣」にも何らかの意味があるはずです。

ここで、漢和辞典で「矣」の字を調べてみてもよいのですが、急がば回れ——少々遠回りをして、江戸時代の儒者に訊いてみましょう。

京都の儒者、皆川淇園《みながわきえん》は、漢文読解・漢文作文の指南書『助字詳解《じょじしょうかい》』（文化十一年〔一八一四〕刊、明治九年〔一八七六〕再版、『漢語文典叢書』第一巻所収）巻一で、「置き字」について左のように記しています。特に傍線を引いた箇所に注目してください。

文字ノ事ヲ知ラザルモノハ、文字ハ唯読《ただよ》ミテ、其《その》物事ノ大略ヲ識《し》リテ、ソレヲ己ガ心ノ目算ニ通《かよ》ワシテ、知ルコトノミナリト思ヘリ。右ノ如クニ心得タル故ニ、一切ノ矣也焉等ノ字ヲモ、皆コレヲ称シテ置字トイヒ、唯其飾リニ置クモノノヤフニ思ヘリ。此《これ》大ナル心得ノ相違ナルコトニテ、右ノ如ク心得タル故ニ、後世ハ余程スグレタル人モ、書ヲ読ムニハ、其大義ヲ領スレバ足レリト云論《いふ》ナドヲモ、言出スコトニナリ（後略）

内容は、大まかに次の通りです。「文字のことをよく分かっていない人は、文字は、読んで大体の内容を把握できれば、それだけでよい、と思っている。そのように考えているから、「矣」・「也」・「焉」などの字を「置き字」と呼んで、ただ飾りのように置いてあるものと思い込んでいる。これは大きな勘違いなのに、後世の秀でた人物も、書物を読むときは大意を捉えればそれで十分、などと言い出す始末…」と、嘆いています。

淇園が言う通り、「置き字」とされる字にもちゃんと意味があります。にもかかわらず、なぜ訓読するときに読まないのでしょうか。

（不完全な）翻訳としての訓読

江戸時代の儒者が「鮮矣仁」をどのように訓読していたかを確認してみましょう。山崎闇《やまざきあん》斎《さい》と後藤芝山《ごとうしざん》は、現代の国語教科書と同じく「鮮なし仁」、林羅山《はやしらざん》と中村惕斎《なかむらてきさい》は、なんと、「鮮ないかな仁」と訓読しています。つまり前者二人は「矣」を「置き字」として扱っているのですが、後者二人は「矣」を「置き字」としては扱わずに「かな」と読んでいるのです。江戸時代の儒者の間で、「矣」の読み方が違っているのです。

では、「矣」を訓読するとき、（一）読まないで済ませる、（二）「かな」と読む、のどちらが正しいのでしょうか。その答えは、「どちらも完全には正しくない」、です。

なぜなら、「矣」に完全に対応する日本語の言葉は存在しないからです。訓読は、一種の翻訳作業です。「矣」の字は日本語では使われません。現代語だけでなく、昔の日本語にも使われません。「矣」のぴったりとした日本語訳は存在しないのです。

後でも見るように、「矣」の字には、直前の語（ここでは「少ない」を意味する「鮮」）の意味を強めるはたらきがあります。それを後者二人の儒者は、詠嘆を表す助動詞「かな」（「すばらしきかな、人生」の「かな」です）で何とか表現しようとしたのです。しかし、「かな」は「矣」の完全な翻訳ではありません。そこで、いっそ「置き字」として扱い、訓読するときは読まないでおく、という選択肢も生まれる訳です。

「置き字」には、他の字と同様、何らかの意味・はたらきがあるのだけれども、日本語へのスムーズな翻訳が特に困難な字なので、訓読するときに読まないで済ませることがある、と考えておいて構いません。

「置き字」一覧

それでは、「置き字」には、既に見た「矣」の他、どのような字が含まれるのでしょうか。現代の日本の国語教科書の大半では、次の七字が「置き字」として紹介されています。「於」を除けば、日本語（古文を含む）では目にしない字ばかりですね。

㋐「矣」・「焉」・「兮」…ことばの終わりを示し、語気（口調）を表す字
㋑「於」・「于」・「乎」…動作・比較の対象、場所を示す字
㋒「而」…順接・逆接（そして・しかし）を表す字

これから、具体例と一緒に、これらの字について順番に見ていきます。その前に、二つほど注意点があります。

まず一つ目は、これらの字が出てくる場合の全てで、これらの字が「置き字」になる訳ではない、という点です。例えば、「焉」の字は文中の位置によって意味が色々に変化し、「置き字」ではない場合も多くあります。詳しくは、この後、具体例を見ていくことにしましょう。

第二の注意点は、今と昔では、「置き字」とされる字が異なる場合がある、ということです。皆川淇園をはじめ、江戸時代の人は、大抵「也」の字を「置き字」と見做していました。し

かし現代では、「也」の字が「置き字」として扱われることは少なくなりました。歴史を通じて様々な訓読方法が行われてきましたが、我々は現代の方法にしたがって訓読すると、混乱が防げるかと思います。この章でも、現代の標準的な方法に即して「置き字」の扱い方を説明していきます。

「矣」と「焉」——ことばの言い終わり方を表現する字

ここで、再び江戸時代の儒者に登場いただきましょう。荻生徂徠《おぎゅうそらい》の『訓訳示蒙《くんやくじもう》』（明治十四年〔一八八一〕刊、『漢語文典叢書』第一巻所収）巻三には、「也」・「矣」・「焉」について、「也矣焉三字トモニ結語ノ詞ト云フ。糸ノシリヲ結ビトムルヤウニ、語ノ尾ヲムスビトムル詞ナリ」と、糸の端切れを結ぶように、ことばが終わるところを結んで止めるはたらきを持つ、と説明されています。

徂徠は更に、和歌で用いられることばに翻訳するとすれば、「也」は「なり」、「矣」は「ける」、「焉」は「けれ」に相当するのではないか、との興味深い提案をしています。「なり」は「也」がすんなりと普通に言い終わるさま、「ける」は「矣」のきっぱりと強く言い切る感じ、そして「けれ」は「焉」の余韻を残して言い終わる様子を捉えています。

原則として、「也」・「矣」・「焉」が、文末またはことばのまとまりの終わりに来たとき、「置き字」として扱われ、訓読では読まれないことが多いのですが（ただし、毎回そうではありません。現代の私たちは、「也」を「なり」と読みます）、それぞれの字に意味がない訳ではなく、このような口調を表しているのです。ただし、徂徠は「的当トハ云ガタケレドモ、カクモアランカ」と断り、「也」・「矣」・「焉」と「なり」・「ける」・「けり」が、完全な対応関係にはないことを自ら指摘しています。やはり「置き字」とされる字は、厳密な日本語訳が特に難しい字なのです。

それでは、「矣」と「焉」が「置き字」となっている例を三つ見てみましょう。

①温《ネテ》レ故《キヲ》而知《レバ》レ新《シキヲ》、可《ベシ》二以《テ》為《ル》レ師《ト》矣。

故《ふる》きを温《たづ》ねて新しきを知れば、以て師と為るべし。

古くから伝わることを大切にして新しい知識を得れば、人の手本となることができる。

（『論語』為政）

②今者妾観《ルニ》二其《ノ》出《ヅルヲ》一、志念深《シ》矣。

今者《いま》妾《しょう》其の出づるを観《み》るに、志念深し。

今私が、彼の出発するところを見たら、思慮深い様子だった。

（『史記』管晏列伝）

③三人行《ヘバ》、必《ズ》有《リ》二我《ガ》師一焉。

三人行へば、必ず我が師有り。

三人で行動すれば、そこには必ず自分の手本となる人がいる。

（『論語』述而）

右の例文の内、①と③は孔子の発言、②は妻が夫の上司を褒めながら夫の欠点を責めたときのことばです。文末の「矣」や「焉」は、訓読の中では読まれていませんが、きっぱりと言い切る口調（「矣」）や、余韻を残す言い方（「焉」）を示しています。しかし、そのような口調を日本語に置き換えることは難しく、現代語訳にも反映しない慣習となっています。

色々な顔を持つ「矣」と「焉」

先にも触れたように、「置き字」とされる字は、いつでも「置き字」であるとは限りません。「鮮矣仁」を例に確認した通り、「矣」は詠嘆を意味する「かな」と読まれることがあります。その他にも、「矣」は、肯定を表す「なり」、疑問を表す「か」、反語を表す「や」などとも読まれることがあります。それぞれの用例は、『漢辞海』（漢和辞典）の「矣」の字の項目に載っているので、参照してください。

また慣用的な読み方が定まっている場合もあります。例えば、孔子や陶淵明《とうえんめい》などが吐く、「もうおしまいだ」と絶望を表現する「已矣」の二字は、「やんぬるかな」と訓読する慣例になっています。「おしまいになる」を意味する「已」（已む）の意味を「矣」の字が強めることを示すために、完了を表す「ぬ」と詠嘆を表す「かな」と一緒に組み合わせて、「やんぬるかな」（「やんぬる」は「やみぬる」の変形）と読んでいます。したがって、単に文脈によって判断するだけでなく、類似する用例を漢和辞典や漢文・漢詩の訳注本などで探しながら、適切な読みを割り出す、という作業が必要になります。

「焉」の字も、文末にある場合は「なり」、「か」、「かな」などと読むことが可能です（『漢辞海』参照）。しかし、「焉」は更に色々な顔を持つ字で、述部の上に位置するときは疑問・反語の「どうして」を意味する「いづくんぞ」、形容詞・副詞的なことばの後に続くときは「〜焉たる」・「〜焉として」、また代名詞として理解した方がよければ「これに」と訓読します。例で確認しましょう。

①観《レバ》二其《ノ》眸子《ヲ》一、人焉《クンゾ》廋《サン》哉。

其の眸子《ぼうし》を観《み》れば、人焉くんぞ廋《かく》さんや。

その瞳を見れば、人はどうして胸の内を隠せるだろうか、いやできない。

（『孟子』離婁上）

②於《イテ》二我《ガ》心《ニ》一有《リ》二戚戚焉《タルコト》一。

我が心に於いて戚戚焉たること有り。

私の心にひしひしと感動させられるものがある。

（『孟子』梁恵王上）

③昔者吾《ガ》舅死《シ》二於虎《ニ》一、吾夫又死《セリ》レ焉《ニ》。今吾子又死《セリ》レ焉《ニ》。

昔者《むかし》吾が舅《きゅう》虎に死し、吾が夫又た焉に死せり。今吾が子又た焉に死せり。

昔、私の舅は虎に殺され、更に私の夫もこれ（虎）に殺された。今私の息子がまたこれ（虎）に殺された。

（『礼記』檀弓下）

このように、同じ字でも、文中の位置や、他の字との位置関係、そして文脈によって、意味が様々に変化します。その意味の違いを日本語による様々な読み（「置き字」として読まない場合も含む）によって可視化させる作業こそが、訓読なのです。

「兮」——謡曲の囃子のような字

「兮」という字も、言葉の区切りを表す「置き字」です。『詩経《しきょう》』でも用いられますが、特に『楚辞《そじ》』に特徴的な字です。『楚辞』の例を一つ挙げましょう。

滄浪之水清《メバ》兮、可《ベシ》三以《テ》濯《フ》二吾《ガ》纓《ヲ》一。

滄浪之水濁《レバ》兮、可《ベシ》三以《テ》濯《フ》二吾《ガ》足《ヲ》一。

滄浪《そうろう》の水清めば、以て吾が纓《えい》を濯《あら》ふべし。滄浪の水濁れば、以て吾が足を濯ふべし。

滄浪の水が澄んでいれば、自分の冠のひもをゆすげばよい。滄浪の水が濁っていれば、自分の足を洗えばよい。

（『楚辞』「漁父」）

世の中が清くても濁っていても、つっぱらずに、身を任せて生きればよいのだ、という漁師の歌です。訓読の中で、「兮」の字は読まれていません。

徂徠は「兮」の字を「意ノナキ字ナリ。歌末ノ余声ト云ハ、倭ノ歌謡ノハヤシノコトナリ」と説明しています。意味はないが、謡曲の囃子(「ヨ〜」、「エイ」、「ヤ〜」などの掛け声)のようなものだ、というのです。右の例で考えると、「滄浪の水が濁ればヨ〜」の「ヨ〜」となりましょうか。「兮」自体に意味はなく、訓読でも読まず、現代語訳にも反映させません。しかし、句の終わりでリズムを取り、歌の表現力を増加させる大切なはたらきを持っています。「兮」の字も、無意味に存在している訳ではないのです。

❀「於」・「于」・「乎」—— at, to, from, than が合体したような字

「於」・「于」・「乎」が「置き字」になるのは、英語の前置詞 at, to, from, than に相当する意味・はらたきを持つときです。訓読では意味によって「に」や「よりも」・「より」と読みますが、なぜ「置き字」になるかというと、漢文と日本語は語順が異なるため、「於」・「于」・「乎」をそのまま訓読することができないからです。例を見てみましょう。

① 季康子問フ二政ヲ**於**孔子ニ一。

季康子《きこうし》、政を孔子**に**問ふ。

季康子は孔子に政治について尋ねた。　（『論語』顔淵）

②霜葉ハ紅ナリ㆓於二月ノ花ヨリモ㆒。

霜葉《そうよう》は二月の花よりも紅なり。

霜によって色づいた木の葉は、春に咲く花よりも赤い。　（杜牧「山行」）

③吾十有五ニシテ而志ス㆓于学ニ㆒。

吾十有五にして学に志す。

私は十五歳のときに学問に志す。　（『論語』為政）

④存ル㆓乎人ニ㆒者ハ、莫シ㆑良キハ㆓於眸子ヨリモ㆒。

人に存《み》るは、眸子よりも良きは莫《な》し。

人について察するには、瞳よりもすぐれたものはない。　（『孟子』離婁上）

訓読にある「に」や「よりも」（「より」と読んでもよい）は、「於」・「于」・「乎」そのものを読んでいるのではなく、「於」・「于」・「乎」の後に続く字（「孔子」・「花」・「学」・「人」・「眸子」）に送られています。①の「於」は尋ねる対象（「孔子」）を示し、③の「于」と④の「乎」は動作（「志」・「存」）の対象（「学」・「人」）を示します。また②と④の「於」は比較の対象（「二月花」・「眸子」）を示します。

「於」・「于」・「乎」の三字は、at, to, from, than を意味するとき、基本的には同じ意味・はたらきを持ちます。ただし、徂徠によると、「於」は軽く、「于」は重い、という微妙なニュアンスの違いがあるとのことです。興味深い指摘です。

なお、「於」・「乎」が「置き字」とならない場合もあります。例を確認しておきましょう。

①我於《イテ》レ周《ニ》為《ル》レ客《ト》。　我周に於いて客と為る。

（『春秋左氏伝』昭公二十五年）

私は周で賓客となった。

②賢者《モ》亦楽《シム》レ此《ヲ》乎。　賢者も亦た此を楽しむか。

（『孟子』梁恵王上）

賢者もやはりこれを楽しむのですか。

③大哉《イナル》聖人之道。洋洋乎《トシテ》発二育《シ》万物《ヲ》一、峻《ク》極《レリ》二于天《ニ》一。

大いなるかな聖人の道。洋洋乎として万物を発育し、峻《たか》く天に極《いた》れり。

偉大だなあ、聖人の道は。世界に充満してあらゆる物を生み出し育て、高く天にまで届くほどである。

（『中庸』）

①の「於」の字は、動作を表す部分（述部）よりも上に位置しているので、訓読の際、「おいて」と読む慣例があります（『漢辞海』参照）。②のように「乎」の字が文末に位置している場合は、文脈によって、疑問・反語を意味する「か」・「や」、または詠嘆意味する「かな」と読みます。「乎」は③のように形容詞や副詞に付くこともあります。

「而」――順接・逆接（そして・しかし）両用の字

「而」の字は、ある二つのものを並べてつなげるはたらきを持ちます。訓読するときは、文脈によって、順接（そして）と逆接（しかし）のどちらの意味が強いかを判断し、順接であれば「〜て」・「〜して」、逆接であれば「〜ども」と読みます。ただし、そのようなときの「而」は「置き字」なので、「〜て」・「〜して」・「〜ども」は「而」の読みではなく、「而」の上に位置する字の送りがなです。例を示しましょう。

①君子《ハ》和《シテ》而不ㇾ同《ゼ》。小人《ハ》同《ジテ》而不ㇾ和《セ》。

君子は和して同ぜず。小人は同じて和せず。

君子は、人と調和して、むやみに同調しない。徳のない者は、人とむやみに同調して、調和しない。（『論語』子路）

②有《レドモ》二放心一**而**不レ知《ラ》レ求《ムルヲ》。

放心有れ**ども**求むるを知らず。

心を失っても、求めることを知らない。

（『孟子』告子上）

①は順接（「和して」）、②は逆接（「有れども」）として読んでいます。しかし、双方の例には、完全に順接とも逆接とも言えない曖昧さがあります。「而」の字に、順接・逆接両方の意味が備わっているためです。①の例は、「君子は人と調和するけれども、むやみに同調しない」とも現代語訳できるのです。

また漢文（原文）と訓読では、「而」による文の切れ目が異なってみえるので、注意が必要です。例えば「君子和而不同」の場合、訓読では「君子和而」＋「不同」というように切れるようにみえますが、漢文においては、「君子和」＋「而不同」というように切れます。

漢文においては「而」が切れ目の頭にくるので、文が長くなる場合などは、「而」の字を「置き字」として扱わず、順接の意味が強い時は、「そして」を意味する「而して」（「しこうして」または「しかして」と読みます）、逆接のときは、「しかし」を意味する「而るに」と読むことも可能です。原理の上では、「君子和す。而して同せず」や、「放心有り。而るに求むるを知らず」とも読めるのです。

おわりに

以上、「置き字」について見てきました。訓読は一種の翻訳作業であり、日本語に置き換えられない字もある。そして同じ漢字でも文脈によって読み方が様々に変わる場合がある、ということを感じていただけたのであれば幸いです。結局、重要なのは、一字一字が丁寧、且つ妥当に理解できているかどうかです。それができれば、「置き字」も見分けることができます。

▼**山本嘉孝**

参考文献
『漢語文典叢書』（汲古書院、一九八一年）
『新字源』改訂版（角川書店、一九九四年）付録「助字解説」
『漢辞海』第四版（三省堂、二〇一六年）

第3章◉【返読文字《へんどくもじ》に注意《ちゅうい》しよう】

日本語と中国語は語順が違います。

便宜的な言葉「返読文字」

返読文字とはどのような文字を指すのでしょうか。素直に考えれば、「語順を下から上に返って読む文字」となりますが、それだけでは十分に理解できたとはいえません。まずは返読文字を定義するところから始めてみましょう。

そもそも日本人は漢文を読解するために、訓読という技法を使って来ました。それは、漢文に訓点を施し、適宜下から上に返読することで、日本語として出来るだけ違和感のない構造に直して読み進めるものです。「鬼と会うより帰れ」という文句は漢文返読の原則を示したものです。これは訓読に際し「…ヲ・…ニ・…ト・…ヨリ」など特定の助詞で返読すべき旨を、幼い初学者に向けて教えたものです。「読《ム》レ書《ヲ》（書を読む）」や「登《ル》レ山《ニ》（山に登る）」のように、「…ヲ」「…ニ」が来たところで返読するのが漢文の原則です。

しかしながら、この「読」や「登」を返読文字とはいいません。それでは返読文字とは何なのでしょうか。もう少し詳しく検討するために、『角川大字源』（初版）「返り字」項の記述を掲げてみましょう（「返り字」は「返読文字」と同じと考えてください）。

> 漢文訓読で、つねに下から上へ返って読む字。不・非・有・無・多・少など。

定義としてはややあいまいですが、具体例を挙げてくれています。もっとも、例示された「不・非・有・無・多・少」はそれぞれ品詞を異にしており、共通点を見つけにくいかもしれません。しかし、これらを訓読してみるとどうでしょうか。「不レ□セ」、「非《あらズ》レ□ニ」、「有リレ□」・「無シレ□」・「多シレ□」・「少シレ□」となるでしょう。いずれも「…ヲ・…ニ・…ト・…ヨリ」といった返読を示唆する助詞を伴っていませんね。そこがポイントです（「非ズレ□ニ」の「…ニ」は助詞ではなく、断定の助動詞「なり」の連用形です）。

漢文には、返読を促す助詞がないにも関わらず、返読しなければならない例外的な文字がいくつか登場します。こうした文字は特定の品詞に限定されないため、学習者の混乱を招きかねません。そこで便宜的に「返読文字」という呼称を与えることで、注意喚起を狙ったのでしょう。したがって、（例えば中国人のように）直読する場合には存在しない概念です。

返読文字を挙げていけばキリがありませんが、代表的なものとしては、「有」・「無（莫・亡・无）」・「多（衆）」・「少（寡）」・「難」・「易」・「不（弗）」・「如（若）」・「可」・「非（匪）」・「不能」・「勿（毋・莫・無）」・「使（令・遣・教）」・「被（見）」・「与」・「所」・「所以」・「自（従・由）」・「為」・「毎」などが挙げられます（カッコ内は類似の意味・用法の漢字）。紙幅の都合もありますので、本章では一部に絞って考えていきます。なお、再読文字も返読文字の範疇に含まれますが、別に章を立てて論じるのでここでは扱いません。

❀存在に関わる表現に注意しよう

漢文は原則として「主語＋述語」の語順を取ります。ところが、「有」のような存在を表す文字は、通常の語順を転倒し、「述語＋主語」の語順を取ります。例えば、「有リレ望ミ（望み有り）」

という言葉は「有(述語)＋望(主語)」の語順となっていますね。それは非存在を表す「無(莫・亡・无)」でも同様です。「無《シ》レ人(人無し)」「無《シ》レ知《ル》(知る無し)」と訓読できるように、「述語＋主語」の語順となっています。

どうして「有」「無」は通常と異なる語順を取るのでしょうか。「有」には、「保有」「私有」という熟語からも分かるように、「持っている、所持している」という意味があります。「有望」ならば「有《ス》レ望《ミヲ》(望みを有す)」と訓読することもできます。「将来の見込みを持っている」という「所有」の状態は、「将来の見込みがある」という「存在」の状態と同じ意味だといえます。このように、「有」を「……を持っている」という他動詞だと考えれば、「有望」は「述語＋目的語」の構造として理解できます(主語はしばしば省略されます)。これなら漢文の語順として破格ではありません。

訓読によって読解した場合、「有」「無」を含む熟語・表現は語順が転倒しているように見えるかもしれません。しかし、その多くは「……を持っている／……を持っていない」という「述語＋目的語」の構造とみなすことによって、文法的にさほど違和感を覚えずに理解できるのではないでしょうか。

①**蛇《ハ》固《ヨリ》無《シ》レ足。**

蛇は固《もと》より足無し。

(『戦国策』斉策)

これは「蛇はもともと足を持っていない」→「蛇にはもともと足がない」というように、「所有」から「存在」へと転じた、わかりやすい事例だといえるでしょう。

✿存現文というとらえかた

もっとも、すべての場面において、存在に関わる表現を「述語＋目的語」の構造で理解することは抵抗があるかもしれません。

②夜半無クレ人私語ノ時。

夜半《やはん》　人無く　私語の時　（白居易「長恨歌」）

「夜中、人のいないところで親しく語り合った時」という詩句を「夜中、人を持たないところで親しく語り合った時」と訳せば、日本語として不自然です。恐らくそれは「人間を所有する」という発想が日本語の感覚になじまないためであり、「誰が持っているのか」が判然としないためでしょう。

それならばいっそのこと「存在に関わる文字は語順が転倒する」と、細かい理屈は抜きにして考えた方がよいのかもしれません。現代中国語では、こうした現象は「存現文」という概念を用いて説明されます。現代中国語と漢文とを同じレベルで扱うことには注意が必要でしょうが、場合によっては現代中国語の概念を用いた方がすっきりすることもあります。

それというのも、現代中国語において存現文は、未知の事象・事物の存在に関わる場合に限って用いられ、もし既知の事柄が話題になっているのであれば、通常通り「主語＋述語」

の語順で表すと説明されるのですが、この考え方は漢文においても当てはまることが多いといえるからです。

③世ニ有リテ二伯楽一、然ル後ニ有リ二千里ノ馬一。千里ノ馬ハ常ニ有レドモ、而伯楽ハ不二常ニハ有ラ一。

世に伯楽《はくらく》有りて、然る後に千里の馬有り。千里の馬は常に有れども、伯楽は常には有らず。

（韓愈「雑説」）

第一文においては、「有二伯楽一」「有二千里馬一」というように語順が転倒しています。これは「伯楽」「千里馬」が初めて登場するために（つまり、未知の事物であるために）語順が倒置したと考えられます。なお、「伯楽」とは馬のよしあしを見分ける人のことです。一方、第二文においては、「千里馬常有」「伯楽不二常有一」とあって、「主語＋述語」という一般的な語順を取っています。それは「千里馬」「伯楽」が第一文において登場しているため、これらが既知の事柄の話題だとみなされたからでしょう。

存現文の考え方はその他の返読文字を検討する際にも応用できます。例えば「多」「少」などは「多シレ□」・「少シレ□」と「述語＋主語」の語順で訓読されます。これは「多く／少なくある」という存在を表す表現であるため、通常の語順が転倒したと考えることもできるでしょう。

✿打消・使役の助動詞

日本語において助動詞は、例えば「読まず」のように「用言（「読ま」）＋助動詞（「ず」）」という語順を取ります。一方、漢文では「不《ず》レ読マ」のごとく「助動詞（「不」）＋用言（「読」）」と語順が転倒します。日本語の助動詞は適切に活用変化した用言と結びつきますので、助動詞を訓読した場合、返読を促す助詞を伴わずに返読することになります。

本節と次節では、助動詞の用法と注意点を解説してゆきます。まずは打消の助動詞から検討しましょう。

④ **李下ニ不レ正サレ冠ヲ。**

李下《りか》に冠《かんむり》を正さず。（古楽府「君子行」）

⑤ **不二亦タ君子ナラ一乎。**

亦た君子ならずや。（『論語』学而）

⑥ **不二是レ養フレ蚕ヲ人ナラ一。**

是れ蚕を養ふ人ならず。（無名氏「蚕婦」）

「不（弗）」は、④のように多く用言にかかり、動作・状態を打ち消します。そのまま「……

しない」の意と考えればいいでしょう。ただし、⑤や⑥のように体言を打ち消すこともあります。もっとも、それは「不亦……乎」、「不是……」といった、定型句を形成する例外的な場合がほとんどです。

打消を表す「非（匪）」についても触れておきましょう。

⑦兵者不祥之器《ニシテ》、非《ズ》二君子之器《ニ》一。

兵は不祥の器にして、君子の器に非ず。（『老子』）

「非」は体言・用言にかかわりなくかかって、打消の意（「……でない」）を表し、「不」と同様に用いられる場合もあります。しかし、「不」が単純な打消である一方で、「非」は「是」の対義語としての側面を持っています。「是」は「これはそうである」というように、判断を下して指し示す語でした。したがって、「非」は「これはそうではない、そうとは見なせない」というように、あるものを判断的に指し定めた上で、否定的に陳述する働きがあります。⑦は「武器とは不吉な代物で、君子が扱うものとは認められない」などと少し補って解釈すれば、「非」の語感がつかみやすいのではないでしょうか。

続いて使役の助動詞について考えてみましょう。代表的なものとして「使・令・遣・教」の四文字があります。

⑧天帝使《ム》三我《ヲシテ》長《タラ》二百獣《ニ》一。

天帝　我をして百獣に長たらしむ。（『戦国策』楚策）

⑨秦王使《ム》三使者《ヲシテ》告《ゲ》二趙王《ニ》一。

秦王　使者をして趙王に告げしむ。（『十八史略』春秋戦国）

このように「使《しム》二……《ヲシテ》——《セ》一」の句形を取って、「……に——させる」の意を表します。「使」を「令・遣・教」に置き換えても意味はそれほど変わりませんが、若干の相違が生じる場合もあります。

これら使役の助動詞は、「使」（使者とする）、「令」（命令する）、「遣」（派遣する）、「教」（教える）というように、もともと動詞として用いられていた文字です。それが助動詞として定着したことで、⑧のように本来あった動詞の意味が失われてしまうことも少なくありません。しかし、⑨のように元来の動詞の意味を残している用例も多数見出されるのです。その場合、しばしば動詞として訓読されます。⑨は「秦王使《ヒシテ》二使者《ヲ》一告《ゲシム》二趙王《ニ》一（秦王 使者を使《つか》ひして趙王に告げしむ）」と動詞として訓読した方が、文意がより明確になるでしょう。動詞として訓読した場合、使役を表す「しむ」は送り仮名によって補ってください。

なお、「使・令・遣」が仄声の漢字であるのに対して、「教」は平声に属します（使役の用法の場合）。そのため、漢字を平仄の規則通りに配置しなければならない漢詩を制作する場合、平声で使役を表せる「教」はとくに重宝されました。本来の動詞の意味を離れて、「教」が使役の助動詞として定着したのはこのためでしょう。

可能・受身・比況の助動詞

次は「可」について説明しましょう。「可」は「べし」と訓読されます。日本語の「べし」に多様な意味・用法があるように、漢文の「可」も多彩な使われ方をします。

もともとの意味としては、学校の成績評価の「優・良・可・不可」の「可」と同じです。「可」は「単位を認めてもかまわない」といった程度の評価なので、「まあよい」「……しても差し支えない」という許可を表します。いったん許可された以上は、それが「できる」と称してもよいわけで、可能を表すようにもなりました。許可・可能の用法から派生して、「……するに十分だ、……するに値する」と訳出できる場合もあります。「可《シ》レ憐《レム》（憐れむべし）」や「可《シ》レ惜《シム》（惜しむべし）」、「可《シ》レ嘆《ズ》（嘆ずべし）」などがそれに当たります。

他者に対して「可《シ》二読書《ス》一（読書すべし）」といえばどうなるでしょうか。婉曲的にいえば「読書した方がよい（読書してはどうか）」という適当（勧誘）の用法になり、強い語調の場合は「読書しなさい（読書しなくてはならない）」という命令（義務）の用法となります。

以上のように、「可」は許可・可能・適当（勧誘）・命令（義務）と大きく四つの用法に分類できます。なお、助動詞としての用法ではないものの、「項羽《こうう》之卒可《ばかり》二十万一」（項羽の卒十万ばかり）（『史記』項羽本紀）のように「ばかり」と訓じ、数量に前置して概数をいうことがあります。

受身を表す助動詞では「被・見」を挙げておきます。「る」もしくは「らる」と訓読されます。四段・ナ変・ラ変型活用の用言と接続する場合に「る」を用い、それ以外には「らる」を用います。

「被」は元来「（衣服や布団などに）すっぽりと覆い包《くる》まれる」の意で、そこから「他人の行為を我が身に引きかぶる」というニュアンスを有するようになりました。一方、「見」には「見える、自然と目に入る」という自発の意味があり、そこから転じて「（自分に対する）他人の行為を傍観する」といった語感があります。なお、「見」は相手の厚意に対して謝意を表す際にも使われます。「見レ贈《ラ》（贈らる）」、「見レ訪《ハ》（訪《おとな》はる）」、「見レ寄《セ》（寄せらる）」は、それぞれ「贈ってくださる」、「訪ねてくださる」、「（漢詩などを通じて）思いを寄せてくださる」などと訳すべきでしょう。受身で解釈したのではしっくりと来ません。いずれも漢詩の詩題でよく用いられる表現です。

最後は比況《ひきょう》・例示の助動詞「如・若」です。体言にかかる場合は、「如《ごとシ》レ□《ノ》」、用言にかかる場合は「如《シ》レ□《スルガ》」と訓読してください。

比況というのは何かと比べ、「……のようだ」とたとえることです。梅花の舞い散る様子を「如《シ》レ雪《ノ》（雪の如し）」といえば、梅を雪になぞらえたことになります。例示は事例を具体的に挙げて「……のような――」と述べることです。「如《キ》㆓吾兄《ノ》㆒者《ハ》、千万年《ニ》一人焉耳（吾兄の如き者は、千万年に一人のみ）」（正岡子規《まさおかしき》・『木屑録』跋）というのがそれに当たります。正岡子規が親友の夏目漱石に対して、「あなたのような人は、千年、一万年に一人の存在だ」と激賞したわけです。

なお、「如（若）」は打消表現（「不」「無」など）をともなうと、読み方・意味が変化します。「百聞《ハ》不㆑如《カ》㆓一見《ニ》㆒（百聞は一見に如かず）」（『漢書』超充国伝）というように、「……に如かず」と訓じて、「……には及ばない」という比較の意となります。反語の場合は「如《しカンヤ》㆑□《ニ》」と訓じて、「……に及ぶだろうか（いや及ばない）」の意となります。

「与」・「毎」・「自」・「不能」

先に述べたように、返読文字は便宜的な概念ですので、品詞や用法によって一括《ひとくく》りにできない文字もたくさんあります。ここでは注意を要するものに限って取り上げます。

まずは並列を表す「与」について考えてみましょう。

⑩有《リ》㆘鬻《グ》㆓盾《ト》与《ヲ》㆑矛《ヲ》者㆖。

盾と矛とを鬻《ひさ》ぐ者有り。

（『韓非子』難一）

⑪孟嘗君帰リテ怨ミレ秦ヲ、与二韓魏一伐チレ之ヲ、入ル二函谷関ニ一。

孟嘗君《もうしょうくん》帰りて秦を怨み、韓魏《かんぎ》と之《これ》を伐《う》ち、函谷関《かんこくかん》に入《い》る。

（『十八史略』春秋戦国）

「与」には「山与《と》トレ川（山と川と）」というように同等の二者を並列する機能があります。並列された二者は「……と――と」のように「と」で挟み込まれるかたちとなります。このとき最初の「と」は送り仮名で処理し、次の「と」は「与」で訓《よ》みます。⑩では「盾」と「矛」とが並列されています。

「与」には他に従属を表す用法もあります。これは「与」に前置するものが「与」以下のものを従えて行動する場合に用います。⑪は「孟嘗君が、韓・魏とともに秦を討伐した」ということですから、「孟嘗君」が主で、「韓魏」は従の関係になります。なお、従属の用法において「与レ□ニ」の「□」の部分は省略されることがあります。そのときはしかたありませんので、「与ニ（与《とも》に）」と副詞として訓読することになります。

次に「毎」を取り上げましょう。「毎《ごと》レ□ニ」と訓じて、「毎」に後置される事物について、「その事象・期間のたびにそのいずれもが」の意味を表します。「毎レ日ニ（日毎《ひごと》に）」、「毎レ年ニ（年毎《としごと》に）」のといった現代日本語でもおなじみの熟語を想起してください。ただし、「毎日を楽しむ」のように名詞として用いることはなく、漢詩文ではもっぱら副詞として用いられる点に注意してください。

「自・従・由」は「より」と訓読し、「……から」と訳出できます。「有《リ》レ朋自《より》二遠方一来《タル》」（朋《とも》有り 遠方より来たる）（『論語』学而）や「従《リ》レ此君主不二早朝《セ》一」（此より 君主 早朝せず）（白居易「長恨歌」）のように、原則として時間・場所の起点や経由の地点を指します。また、「自従」と同じ意味の漢字を連ねて、二文字で「より」と訓読する場合もあります。

「不能」は「不レ能《あたハ》レ□《スル》」と訓じて、「……できない」の意味となります。「能」はある事柄を遂行するだけの能力があることをいいます。「吾能料《クルモ》レ生《ヲ》、不レ能《ハ》レ料《ル》レ死《ヲ》」（吾 能《よ》く生を料《はか》るも、死を料る能はず）（『十八史略』三国）とあるように、肯定文では「能く」と訓みますが、その打消の「不能」は「能くせず」ではなく「能はず」となります。

返読文字が教えてくれること

漢文は日本語とは文法を異にする外国語です。そのため漢文を読解するには適宜返読する必要がありますが、多くの場合、特定の送り仮名（ヲ・ニ・ト・ヨリ）によって対応できました。しかし、それだけでは不十分な場合も少なくありません。返読文字とは、こうした例外にうまく対処するための工夫の産物だといえます。別の見方をすれば、返読文字は漢文と日本語との違いをより一層鮮明にしてくれる文字と考えることもできるでしょう。例えば存在に関わる表現などは、漢文と日本語とでは大きな差異が見られます。それは単なる言葉の違いにとどまらず、物事をどのように把握するかといった認識の相違にまで発展する問題を抱えています。

今後、漢文訓読に親しむにつれ、返読文字のような例外的な文字・表現に出くわすことでしょう。その際、どうしてそう訓読するのかを考えてみてください。日本語と漢文との特質の差異や、先人が異言語・異文化を理解するために行った智恵と工夫とが見つかるはずです。

▼小財陽平

参考文献

三浦勝利『漢文を読むための助字小字典』(内山書店、一九九六年)
加地伸行『漢文法基礎：本当にわかる漢文入門』(講談社学術文庫、二〇一〇年)
古田島洋介・湯城吉信『漢文訓読入門』(明治書院、二〇一一年)
加藤徹『白文攻略 漢文法ひとり学び』(白水社、二〇一三年)

第4章◉【再読文字《さいどくもじ》とは何《なに》か】

10字ほど覚えれば大丈夫です。

再読文字とは何か

漢文を訓読（書き下し文の形で読むこと）するときに特定の文字を一度読んだ後にまた前に戻ってもう一度、しかも一回目とは違う読み方で読む場合があります。その、二度にわたって読まれる文字が再読文字です。同じ文字を二回読むなんて変だと思う人がいるかもしれません。文章というのは、普通（日本語でも英語でも中国語でも）、文字が書いてある通りに、直線的に読んで行くものであり、通常、同じ文字が元に戻って二回読まれることはありませんから、そう思うのももっともです。とは言え、漢文の訓読では、文章をレ点、一二点、上中下点など、何種類もの返点を駆使して、行ったり来たりしながら読んで行くのですから、一つの文字を二回読むことがあっても、それほど驚くには値しないとも言えるでしょう。

さて、漢文の訓読で返って読むのは、中国語（中国の古典語）の語順で書かれている原文を日本語の語順に対応させるためですね。同じ文字を二回読むのも、同様に中国語の漢字の用法を日本語である訓読文に対応させるためです。もう少し具体的に言うと、漢文に出てくる漢字の中には、訓読文の中で一回読んだだけでは意味を十分表すことが出来ず、二回にわたって読む必要があるものがあるからです。

つまり、再読というのは、漢文を返って読むのと同じく、中国語としての漢文と日本語としての訓読文との対応関係から現れた現象なのです。漢文を原語（中国語）で読む場合には、返って読むこともなければ、同じ字を二回読むこともありません。

「未知」を例として

具体的に例を挙げて説明しましょう。

「未知」という言葉は現代日本語でも、例えば「未知の世界」などとして使われますね。

この「未知」という二字はそのまま漢文としても通用します。書き下し文にすると「未だ知らず」となり、意味は「まだ知らない」です。「未知」の「知」は、勿論、「知る」ですね。するとと「未」は、書き下し文で「未だ」と「ず」、訳で「まだ」と「ない」の二つの部分に対応していることになります。現代の日本語で「未」は「いまだ」と訓読みしますが、それだけでは足りません。「未」という一つの漢字を、動詞を挟んで離れた位置にある二つの日本語に対応させなければなりません。


これを解決するために考え出されたのが「再読」、つまり、「未」を二回読む、という方法です。即ち、「未知」を読むとき、まず普通に「未だ知ら」と読んだところで、すでに読んだ「未」にもう一度戻ってこれを「ず」と読むのです。（「知る」は活用して「知ら」となります。）これを返点、送り仮名を使って書くと、

未ダレ知ラ

となります。

まず、最初の「未」を、返点を無視して「いまだ」と読み、下の「知」に移って「しら」

と読み、ここでレ点に従って上に返って「未」を今度は「ず」と読みます。最初の読みと二回目の読みとを区別するため、最初に読むほうの振り仮名や送り仮名は右側に、二回目に読むほうの振り仮名や送り仮名は左側につけます。書下し文にするときは、最初に読むときに再読文字を漢字で書き、二回目に読むときには平仮名で書くのが一般的です。「未」が再読文字であることを知らないと、「知ら未だ」などと、奇妙な読み方をすることになってしまいかねません。

再読文字にはどんなものがあるか

再読文字は幾つくらいあるかというと、通常の漢文を読むのに知っておく必要があるのは十字程度です。それぞれの再読文字には決まった読み方が定まっています。なお、再読文字は、平安時代から長い時間をかけて定着したものであり、歴史的に見ると再読する文字や読み方に変遷があります。(例えば、古くは「使」「令」なども再読されていました。)

是非、覚えておいてほしい再読文字を、読み方、及び主な意味とあわせて一覧表にまとめると次のようになります。

主要再読文字一覧

	再読文字	読み方	主な意味
1	未	いまダ……ず	まだ……しない。まだ……していない。

2	将 且	まさに……んとす	これから……しようとする。いまにも……しそうだ。……しよう。
3	猶 由	なホ……ノごとし なホ……ガごとし	ちょうど……と同じだ。ちょうど……のようだ。
4	当	まさに……べし	当然……すべきだ。当然……はずだ。どうしても……したい。
5	応	まさに……べし	おそらく……だろう。きっと……のはずだ。当然……すべきだ。
6	宜	よろしく……べし	……のがよろしい。
7	須	すべからく……べし	是非とも……すべきだ。……する必要がある。
8	盍	なんぞ……ざる	どうして……しないのか。

訳を見ると、再読文字の多くが、現代日本語でも、二つの部分（主に副詞と助動詞）に対応しているということが分かるでしょう。

なお、再読文字は常に再読されるわけではありません。同じ文字が名詞、動詞、接続詞などとして用いられる場合があり、その場合は当然、再読されません。ある文字が前後の関係により再読文字として用いられる、ということです。（以下の説明の中では、再読する読み方以外でも、特に注意してほしい読み方を示しておきました。）

✿ 再読文字の実際

再読文字のそれぞれについて、主な用法を実際に見て行きましょう。

1、未

「未」は、すでに説明したとおり、「いまだ……ず」と読み、未実現であることを表します。「まだ……しない」「まだ……していない」というのが基本的な訳です。さきに例として挙げた「未知」が実際に文中で使われている例を見てみましょう。

未ダ㆑知ラ㆑生ヲ、焉クンゾ知ランヤ㆑死ヲ。　未だ生を知らず。焉《いづ》くんぞ死を知らんや。

（私には）まだ「生」というものが分からない。それなのにどうして（「生」よりも知るのが難しい）「死」というもののことが分かろうか。

（『論語』先進）

孔子が、弟子の子路《しろ》に「死」とは何ですか、と尋ねられて答えた言葉です。ここでは、「知」が「生」という目的語を取っています。

「未」は強調として使われる場合もあります。

至誠《ニシテ》而不《ざル》レ動《カ》者《ハ》、未《ダ》《ル》二之《レ》有《ラ》一也。

至誠《しせい》にして動かざる者は未だ之《こ》れ有らざるなり。

まごころを尽くして相手が感動しなかったということはあったためしがない。

（『孟子』離婁上）

これは「まだない」＝「これからある・ありうる」ということではなく、今まであったためしがない、という強い否定を表します。

「嘗」（かつて）などと連用される場合は強調であることがはっきりしています。「嘗」は「一度も」という意味ですので、「未嘗」は、「まだ一度も……ない」ということになり、強い否定を表します。

未《ダ》二嘗《テ》敗北《セ》一。

未だ嘗《かつ》て敗北せず。

まだ一度も敗北したことがない。

（『史記』項羽本紀）

これは漢楚《かんそ》の戦いで、楚の項羽《こうう》が自らの戦歴を振り返って、自分はこれまで七十回以上も戦ってきたが、まだ一度たりとも負けたことがない、と言う場面です。

「未」の再読されない使われ方も見ておきましょう。

曰《ハク》学《ビタル》レ詩《ヲ》乎《ト》。対《ヘテ》曰《ハク》未《シト》也。

曰はく、詩を学びたるか、と。対《こた》へて曰はく、未だし、と。

父である孔子が「詩を学んだか」と言われた。私は「まだ学んでおりません」と答えた。

（『論語』季氏）

庭に立っていた孔子とたまたま通りかかった息子の鯉《り》との会話です。「未」は下に来る動詞（ここでは「学」）が省略されたもので、「未」一字で「いまだし」と読みます。「まだである」という意味です。孔子は鯉の「まだ学んでいない」という返事に対して「詩を学ばざれば以て言ふなし」（詩を学ばないと立派に物が言えないぞ）と教訓しています。このことから家庭教育を意味する庭訓《ていきん》という言葉が生まれました。

もう一つ。

寒梅着《ケシヤ》レ花《ヲ》未《ダシヤ》。

寒梅　花を着《つ》けしや未だしや。

寒梅はもう花を着けた（咲いた）だろうか。

（王維「雑詩」）

詩人王維《おうい》が故郷の家の窓辺の梅がもう咲いたかな、と思いやっている句です。このように

「未」が文末に置かれると疑問を表し、「いまだしや」と読み、「もう……しただろうか」という意味になります。

2、将・且

「将」は、「まさに……んとす」と読み、近い将来に起こることを表します。客観的情勢を表す場合も、主観的意志を表す場合もあります。訳は「これから……しようとする」「いまにも……しそうだ」「……しよう」などです。

帰リ去来ナンイザ兮、田園将ニレ蕪レント、胡ンゾ不ルレ帰ラ。

帰りなんいざ。田園将に蕪《あ》れんとす。胡《な》んぞ帰らざる。

さあ、帰ろうよ。故郷の田園は荒れてしまいそうだ。どうして帰らずにいられようか。

（陶淵明「帰去来辞」）

有名な陶淵明《とうえんめい》の「帰去来辞《ききょらいのじ》」の書き出しの部分です。「帰去来兮」は例外的に四文字まとめて「帰りなんいざ」と読み「さあ、帰ろうよ」という意味です。「蕪」は、荒れる。荒蕪の蕪です。自分が役人になり不在にしていた間に、故郷の田畑が今にも荒廃しそうな状況になっている、ということです。淵明は、役人の地位を投げ捨てて故郷の田園に帰るのです。

俄ニシテ而匱シ焉。将ニレ限ラント二其ノ食ヲ一。

俄《にはか》にして匱《とぼ》し。将にその食を限らんとす。（『列子』黄帝）

急に貧しくなった。そこで、（猿の）食糧を制限しようとした。

朝三暮四《ちょうさんぼし》の故事の一部です。猿飼いの狙公《そこう》（狙は猿という意味）という人が沢山の猿を飼っていたのですが、急に貧乏になったことから、猿の食事量を制限しようとするところです。ここは狙公の意志を表すと解釈するのがよいでしょう。

「将」には、再読文字以外の読み方として、「ひきゐる」「はた」「もつて」などがあります。「且」が再読文字となる場合は「将」と意味、読み方ともに同じです。

一人ノ蛇先ヅ成ル。引キテレ酒ヲ且ニレ飲マントレ之ヲ。

一人の蛇先《ま》づ成る。酒を引きて且に之れを飲まんとす。

一人の蛇（の絵）がまず完成した。そこで（その男は）酒を引き寄せて今にも飲もうとした。（『戦国策』斉策）

蛇足《だそく》の故事の一部です。一番先に蛇を描き上げた男が賭け物にしていた酒を飲もうとするところです。この直後、調子に乗って足を描き足してしまったため、折角の酒を不意にすることになります。

「且」には、再読文字以外の読み方として、「かつ」「しばらく」などがあります。

3、猶・由

「猶」は「なほ……のごとし」「なほ……がごとし」と読み、「ちょうど……のようだ」「ちょうど……と同じだ」の意味です。（「ごとし」が用言に続く場合、「(連体形)ガごとし」となります。）

回也視ルコトレ予ヲ猶ホシレ父ノ也。

回や予《われ》を視《み》ること猶ほ父のごとし。

（『論語』先進）

顔回は私を本当の父のように思ってくれた。

孔子の愛弟子で夭折した顔回《がんかい》について、孔子が回想した言葉です。

過ギタルハ猶ホシレ不ルガレ及バ。

過ぎたるは猶ほ及ばざるがごとし。

（『論語』先進）

度が過ぎるのは、ちょうど、足りないのと同じだ。

諺としてよくつかわれる言葉ですが、元は孔子が弟子を評価したときの言葉です。ある時、弟子の一人である子貢が、同門の子張（師）と子夏（商）の二人について、どちらが優れていますか、と尋ねたのに対し、孔子は「師や過ぎたり。商や及ばず」（師は出来すぎている。商は足りない）と答えました。子貢が重ねて「然らば則ち師愈《まさ》れるか」（それならば師のほうが優れているのですか）と尋ねたのに対する孔子の答えがこの「過ぎたるは猶ほ及ばざるがごとし」でした。

「猶」は、次のように「なほ」とだけ読んで再読しない場合もよくあります。

鶯啼《イテ》山客猶《ホ》眠《ル》。　（王維「田園楽」）

鶯啼いて　山客　猶ほ眠る。

鶯が啼き出したが山荘の主人はまだ眠っている。

この「猶」は、「まだ」という意味です。山客は、山の中に住む人の意ですが、ここでは山荘の主人です。それが朝寝を貪っているのです。

「由」も、発音が「猶」と同じ（音読みはどちらもユウ）であることから、「猶」と同じ用法で再読文字として使われる場合があります。

4、当

「当」は、「まさに……べし」と読み、当然であることを表します。訳は「当然……すべきだ」「当然……のはずだ」「どうしても……したい」などです。そもそも、当然という言葉も、訓読すれば「当に然《しか》るべし」（当然そうあるべきだ）ですね。

大禹ハ聖者ナルニ、乃チ惜シメリ二寸陰ヲ一。至リテハ二於衆人ニ一、当ニシレ惜シム二分陰ヲ一。

大禹《だいう》は聖者なるに乃《すなは》ち寸陰《すんいん》を惜しめり。衆人に至りては当に分陰を惜しむべし。

大禹は聖人であったが、寸陰を惜しんだ。普通の人間の場合、当然、分陰を惜しむべきである。（『晋書』陶侃伝）

晋の武将陶侃《とうかん》（陶淵明の曽祖父）の言葉です。大禹は、偉大な禹の意。禹は中国の神話的な帝王で非常な努力をして国土改造の大事業を成し遂げ、夏王朝の始祖となったとされる存在です。寸は長さの単位で、僅かな長さを意味します。陰は光陰、即ち、時間。寸陰とは僅かな時間の意です。分は寸の十分の一です。（「一寸の虫にも五分の魂」といいますね。）偉大な禹王でさえ寸陰を惜しんだのだから、我々のような平凡な人間は、当然、その十倍くらい時間を惜しまなければならない、ということです。

会ズ当ニシ下凌ギ二絶頂ヲ一、一タビ覧ル中衆山ノ小ナルヲ上。

会《かなら》ず当に絶頂を凌《しの》ぎ、一たび衆山の小なるを覧《み》るべし。

いつかきっと絶頂に登って、周りの多くの山々を眺め渡してやるぞ。（杜甫「望岳」）

杜甫が若いときに、五岳（中国の五つの名山）の一つである泰山《たいざん》を眺めた時の詩の一部です。是非とも絶頂を極めたいという強い決意が表現されています。

なお、「合」も「当」と同じ読み方で、再読文字として使われるときがあります。意味もほぼ「当」と同じと思っておけばよいでしょう。

5、応

「応」は、「まさに……べし」と読み、推定や当然などの意を表します。訳は「おそらく……だろう」「きっと……のはずだ」「当然……すべきだ」などです。「当」と読み方が同じであり、意味的にも重なるところがありますが、「応」のほうが柔らかな感じがします。

君自《リ》㆓故郷㆒来《タル》、応《ニ》《シ》㆑知《ル》㆓故郷《ノ》事《ヲ》㆒。

君　故郷より来たる。応に故郷の事を知るべし。

君は故郷から来た。きっと故郷のことを知っているだろう。

（王維「雑詩」）

故郷から来た人への問いかけです。

山空シクシテ松子落ツ、幽人応ニシレ未ダレ眠ラル。

山空《むな》しくして松子《しょうし》落つ。幽人《ゆうじん》応に未だ眠らざるべし。

人気のない山で松かさが落ちる。ひっそりと暮らしているわが友はきっとまだ眠らずにいることであろう。

（韋応物「秋夜寄丘二十二員外」）

唐の詩人韋応物《いおうぶつ》が、秋の夜、山中に隠棲している友人の丘丹《きゅうたん》に送った詩の一節です。友人の静かな生活を思いやっています。幽人は、俗世間を避け静かに暮らしている人の意で、隠者などを言います。なお、ここでは「応」と「未」と再読文字が二つ重なっています。

寄スレ言ヲ全盛ノ紅顔ノ子、応ニシレ憐ム半死ノ白頭翁。

言を寄す　全盛の紅顔《こうがん》の子《こ》、応に憐れむべし　半死の白頭翁《はくとうおう》。

今、全盛を誇っている若者たちよ。死にそうな白髪頭の老人に同情するべきだ。

（劉希夷「代悲白頭翁」）

唐の詩人劉希夷《りゅうきい》が白髪の老人に成り代わって作った詩の一節です。「寄言」は、言伝てをする、との意。今を盛りの若者もいずれは自分と同じように老衰してしまうのだから、当然、自分に同情してしかるべきだ、という意味合いです。

6、宜

「宜」は「よろしく……べし」と読み、「……するのがよろしい」という意味です。

惟《ダ》仁者《ノミ》宜《シク》《シ》レ在《ル》二高位《ニ》一。

惟《た》だ仁者のみ宜しく高位に在るべし。

ただ仁者だけが高い位につくのがよろしい。

（『孟子』離婁上）

「宜」は再読せず「……によろし」と読む場合もあります。「……に好適である」「……に似つかわしい」といった意味になります。

之《ノ》子于《ニ》帰《グ》、宜《シカランノ》二其室家《ニ》一。

之《こ》の子于《ここ》に帰《とつ》ぐ。其《そ》の室家《しっか》に宜しからん。

この娘が今、嫁入りをする。嫁ぎ先に相応しい妻になるだろう。

（『詩経』周南「桃夭」）

『詩経《しきょう》』という中国で最も古い詩集の中にある、花嫁を祝福する詩の一節です。室家は嫁入り先の家を指します。

7、須

「須」は「すべからく……べし」と読み、「是非とも……すべきだ」「……する必要がある」という意味です。「必須」の「須」ですね。

「すべからく」は「すべくあらく」が縮まったものです。「すべくあらく」は「す」（動詞）＋「べし」（助動詞）＋「あり」（動詞）＋「く」（接尾辞）。「く」は、所謂、ク語法で、「……すること」の意。「言はく」（いはく）（漢文に頻出する「曰」）や「思はく」（「思惑」という宛字で現代でもよく使われる）などの同類です。「すべからく……べし」は直訳すると、「すべきであることは……すべきだ」となり、ややくどい感じがするかもしれません。

なお、たまに「すべからく」を「全て」の意味だと勘違いして使っている人がいますが、誤りです。

行楽須ラクシレ及ブレ春ニ。　行楽《こうらく》　須らく春に及ぶべし。

遊び楽しむのは是非とも春のうちにするべきだ。（李白「月下独酌」）

行楽は遊び楽しむことです。必ずしもどこかへ出かけなくても構いません。

否定や反語の場合は、「須」を「もちゐる」と読み、「不須」は「もちゐず」、「何須」は「なんぞ……をもちゐん（や）」となります。（古くは「もちゐる」をワ行ではなく、「もちふ」「もちひる」などと

ハ行に活用させることも多くありました。）

勧ムレ君ニ金屈巵、満酌不レ須ヰレ辞スルヲ。

君に勧む　金屈巵《きんくつし》。満酌《まんしゃく》　辞するを須ゐず。

君に金の大杯に波々と注いだ酒を勧める。遠慮する必要はない。

（于武陵「勧酒」）

屈巵は、把手のついた杯。金屈巵はその黄金製のもの。辞は、辞退。右の部分は五言絶句の前半で、後半は「花発多風雨、人生足別離」（花発《ひら》けば風雨多し。人生　別離足る。）です。井伏鱒二《いぶせますじ》の「ハナニアラシノタトヘモアルゾ／「サヨナラ」ダケガ人生ダ」という訳で知られている作品ですね。

8、盍

「盍」は「なんぞ……ざる」と読み、「どうして……しないのか」という意味です。「何不」（なんぞ……ざる）は疑問、反語の形で、どうして……しないのか、という意味になりますが、その「何不」（音読み「カフ」）が縮まった音が「盍」の音「カフ」（現代日本語の表記では「コウ」）に通じるので、「何不」の意味で「盍」が借用されて使われるようになりました。「盍」一字で「何」と「不」の二字分の働きをするのです。「盍」本来の意味は、覆う、合うなどです。

顔淵季路侍ス。子曰ハク、盍ゾル三各言ハ二爾ガ志ヲ一。

顔淵《がんえん》、季路《きろ》侍す。子曰はく、盍ぞ各々爾《なんぢ》が志を言はざる、と。

顔淵と季路が孔子の傍らに侍していた。孔子が言った。どうしてそれぞれ自分の志を言わないのか。（言いなさい。）

（『論語』公冶長）

孔子が傍らにいた愛弟子の顔淵（顔回）と季路（子路）に、それぞれ自分の抱負を言ってごらん、と呼びかけた言葉です。

なお、少しややこしいですが、「盍」には、再読せず、単に「なんぞ」と読んで疑問、反語の意味になる用法もあります。その場合は「何」と同じです。

「蓋」「闔」も「盍」と同じ意味、読み方の再読文字として用いられることがあります。（どちらも「盍」が字の構成要素になっていますね。）「蓋」は「けだし」と読んで、推量の意になることが多い字です。

結び

前にも少し触れましたが、再読という方法は平安時代に始まり、長い間かけて定着したものです。そのため、現在から見ると、あるいは不十分に感ぜられるところがあるかもしれません。例えば「将」「当」「応」は、一回目の読みはどれも「まさに」です。また、「当」「合」「応」「宜」「須」の二回目の読み方はすべて「べし」です。（「べし」と読む文字で最もよく使われるのは、再読文字ではない「可」です。）これは、再読文字の読み方は、訳語としては、聊か大雑把であり、一つ一つの再読文字の意味合いにきめ細かく対応していない、という見方も出来ます。（異質な言語を翻訳する際の宿命的限界とも言えます。）しかし、逆に言えば、再読文字ごとに読み方を一つだけ覚えてしまえば、文脈による読み分けの必要もなく、機械的に訓読出来るということでもあります。つまり、記憶の負担が少なくてすむのです。たった十字程度ですから、再読文字は、読み方と基本的な意味を丸覚えしてしまうのがよいでしょう。

▼**堀口育男**

参考文献

江連隆『漢文語法ハンドブック』（大修館書店、一九九七年）

天野成之『漢文基本語辞典』（大修館書店、一九九九年）

加地伸行『漢文法基礎』（講談社、二〇一〇年）

古田島洋介・湯城吉信『漢文訓読入門』（明治書院、二〇一一年）

前野直彬『漢文入門』（筑摩書房、二〇一五年）

第5章◉【否定形《ひていけい》のさまざま】

語順に気を付けて、柔軟に理解しましょう。

否定形のさまざま

「去《さ》る（往《ゆ》く）者《もの》は追《お》わず、来《く》る（来《きた》る）者《もの》は拒《こば》まず（去りゆく者は引きとめず、やってくる者は誰でも受け入れる）」や「信無《しんな》くば立《た》たず（信頼がなければ、政治を行うことはできない）」など、よく使われる言い回しの中には、否定の語が印象的なかたちで使われているものがあります。これらはいずれも漢文に起源をもつものであり、「往《ク》者《ハ》不レ追《ハ》、来《ル》者《ハ》不レ拒《マ》」（『孟子』尽心下）や「（民《ハ》）無《クバ》レ信不レ立《タ》」（『論語』顔淵）などに基づいています。「不」や「無」が否定を表す語であり、ここでは、それらを読み解く際の基本的なルールについて見てゆきます。

漢文における否定の表現について考えるとき、まず注意してほしいことに、語順の問題があります。日本語の文章では、「〜しない」「〜ではない」など、動作や性質を表す言葉の後に否定の語が来ます。漢文では、これとは異なり、こうした言葉の前に否定の語が来ます。このことは、「不《ふ》眠《みん》不《ふ》休《きゅう》（＝眠《ねむ》らず休まず）」や「未熟《みじゅく》（＝未《いま》だ熟《じゅく》せず）」などの熟語を思い浮かべれば、容易に理解できると思います。

つまり、否定の語の後ろには、述語が来る可能性が高いということです。このことを意識すると、漢文の文の構造を理解しやすくなります。別の言い方をすれば、否定の語には、返り点など、順番を入れ替えるための訓点が付されることが多くなるということです。

否定の基本形１――「不」「非」

それでは、主要な否定を表す言葉を見てゆきましょう。まずは「不《ふ》」です。この「不」は、直接的に行為や状態を否定する言葉であり、多くの場合、動詞・形容詞などに付きます。「〜せず」と訓み、「〜しない」の意味になります。以下に用例を掲げます。

桃李不レドレ言ハ、下自ラ成スレ蹊ヲ。

桃李《とうり》言《ものい》はざれど、下《した》自《おのづか》ら蹊《けい》（こみち）を成《な》す。

（『史記』李将軍列伝《りしょうぐんれつでん》）

桃の花は、言葉を話すことはないけれども、桃の実を食べたい人が集まるので、その下には、自然と人が通り、小道ができるという意味です。徳の高い人物が、慕われる様をたとえます。ここでは、「言《い》ふ」という動詞を、「不」が否定しています。

次に「非《ひ》」を見ましょう。この「非」は、「〜にあらず」と訓読し、「〜ではない」などと訳します。すなわち、何かを判断をして、その結果、ある範疇に入らないことを示します。体言（名詞）に付くことが多いです。次の例を見ることにしましょう。

富貴ハ非ズ二吾ガ願ヒニ一。

富貴《ふうき》は吾《わ》が願《ねが》ひに非《あら》ず。

（晋・陶淵明「帰去来《ききょらい》ノ辞《じ》」）

「名声や財産を得ることでは、自分の願いではない」という意味です。陶淵明は、役人生活をやめ、故郷で心安らかに過ごすことを望んだのでした。

否定の基本形2──「無」「未」

ひきつづき、基本的な否定の表現を説明してゆきましょう。次に挙げるのは、「未《み》」です。この語は、「いまだ〜せず」と訓読し、「まだ…していない」と訳します。再読文字として学習することが多いですが、否定の語の一種です。まだ動作や行為が起こっていないこと、あるいは、ある段階に到達していないことを意味します。「未曾有《みぞう》（＝未《いま》だ曾《かつ》て有《あ》らず）の大事件」などで使われる「未」ですね。以下に用例を掲げます。

未ダルニレ成ラ、一人之蛇成ル。

未《いま》だ成《な》らざるに、一人《ひとり》の蛇《へび》成《な》る。

（『戦国策』斉策）

有名な「蛇足《だそく》（無断なもの、余計なことの意）」の逸話の一節です。楚の国で祭りが行われ、地面に蛇の絵を最もはやく書くことができた者に、酒が与えられることになりました。他の人々がまだ描き終わらないなか、一人の男の蛇の絵が出来上がります。ここで、「未」は「成る」という動詞に付き、絵が完成するという状態に至っていないことを意味しています。

このほか、よく用いられる否定の語に「無《む》」があります。これまで取り上げた否定の語と同じように、後に来る述語を否定するケースもありますし、「有」の反対語として、名詞の前に付き、物事が存在しないことを表す場合もあります。ここでは後者の例を取り上げましょう。

蛇ハ固ヨリ無シレ足、子安ンゾ能ク為ラント二之ガ足ヲ一。

蛇《へび》は固《もと》より足《あし》無《な》し、子《し》安《いづく》んぞ能《よ》く之《これ》が足《あし》を為《つく》らんと。（同前）

やはり「蛇足」の一節であり、先に引用した箇所の後に登場する文章です。「蛇にはもともと足がないのに、お前はどうしてその足を描くことができるのか」という意味です。蛇の絵を早く書いた人物は、時間があまったので、足を書き足しますが、足のある蛇などいないという指摘を受け、結局、酒を飲みそこないます。ここで、「無」は「足」の存在を否定しています。

様々な否定の語

このほかにも、様々な否定の語があります。これらの語の意味や用法についても詳細な説明が必要ですが、今は古典漢文でよく用いられるものの一覧を挙げるにとどめます。

弗《ふつ》・匪《ひ》・莫《ばく・まく》・毋《ぶ・む》・勿《ぶつ・もち》・靡《び・み》・亡《ぶ・む》・无《ぶ・む》・罔《ぼう・もう》・末《ばつ・まつ》・蔑《べつ》・微《び》・否《ひ》

今日の日本語で読むと、音読みが、ハ行、バ行、マ行のものばかりですね。先に挙げた「不」などの語も同様です。これは、古代の中国語の発音と関係があります。すなわち、古代中国語では、否定の語は、唇を使った音が多く、それが日本語の字音にも反映されているということなのです。

これらの語の中で特徴的な用法を持つものとしては、「勿」「毋」を挙げることができます。これらは、禁止を表し、「～なかれ」と読むことが多いです。また、「微」は「～なかりせば」と訓読し、「～でないならば」などの仮定条件を表します。

二重否定

否定の語は、その用い方によって付加的な意味が生じます。たとえば、「無不（～せざるなし）」「無非（～にあらざるなし）」などのように、否定の語を二つ重ねる形があり、これを二重否定と呼んでいます。こうした形をとる場合、「～しないものはない」などと訳します。以下に例を挙げます。

立ツルハ二我ガ烝民ヲ一莫シレ匪ザル二爾ノ極ニ一。

我《わ》が烝民《じょうみん》を立《た》つるは、爾《なんぢ》の極《きょく》に匪《あら》ざる莫《な》し。

（『十八史略』五帝）

「鼓腹撃壌《こふくげきじょう》」の名で知られるくだりの一節です。帝王の尭《ぎょう》は自らの統治がうまくいっているかを確かめるため、市井に出て人々の様子を観察しますが、彼らが口にする歌の内容を聞き、社会がよい状態であることを知ります。掲出した箇所は、子どもが歌っていた童謡の一部であり、「私たち人民が生活できるのは、あなたの絶対的な徳のおかげでないものはない（すべてあなたの徳のおかげです）」いう意味です。ここでは、「爾の極」を「匪」が否定し、その「匪」を「莫」が否定するかたちになっています。

注意すべきは、漢文の二重否定は、積極的な肯定のニュアンスを表す場合が多いという点です。すなわち、「行かないことはない」と言った場合は、「必ず行く」ことを意味します。二重否定と言った場合、時々、「行かないわけではないのですが…」などの曖昧にぼかす日本語特有の表現を思い浮かべる方がいますが、漢文の二重否定は、通常、それとは異なりますので、混乱しないようにしてください。

二重否定の様々なバリエーション

このように、否定の語を重ねて強い肯定を表す表現が、漢文にはあり、様々なバリエーションがあります。

二重否定について言うならば、「不可不〜（〜せざるべからず）」など、間に助動詞を挟むかたちもあります。「～せざるをえない」という意味です。こちらの方は、日本語の表現から類推がしやすく、分かりやすいと思います。

また、よく句形の問題で尋ねられる「未不～（いまだ～せずんばあらず）」や「未嘗不（いまだかつて～せずんばあらず）」なども、こうした否定を重ねる文型の一類型だと考えるならば、決して難しいことはありません。「未」と「不」という二つの否定の語が連なり、「今まで～しないことはなかった（＝今までは必ず～した）」という積極的な肯定の意味を表すのです。

吾未ダル二嘗テ不ンバレ得レ見ユルコトヲ也。

吾《われ》未《いま》だ嘗《かつ》て見《まみ》ゆることを得《え》ずんばあらざるなり。

（『論語』八佾《はちいつ》）

孔子が、儀という町を通った際に、国境を守る役人が、孔子へ面会を願い出た際に述べた言葉であり、「（ここを通る立派な方々に）私はいままでお会いできなかったことはないのです」と述べています。孔子と面会した役人は、孔子が諸国を流浪しているのは、天が、孔子を社会に鳴り響く木の舌の付いた大きな鈴（鐸《たく》）、すなわち、世を導く者にしようとしているのだと発言します。有名な「木鐸《ぼくたく》（社会の指導者の意）」の出処となった逸話です。

このほか、二重否定に含めるかどうかについては諸説がありますが、否定の語と語の間に、対象や範囲を示す名詞などを付け加える文型もあります。

逐ヒレ気ヲ尋ネレ香ヲ、無シ二処トシテ不ルハレ到ラ。

気《き》を逐《お》ひ香《こう》を尋《たづ》ね、処《ところ》として到《いた》らざるは無《な》し。

（宋・欧陽修「憎《にく》ムノ二蒼蠅《そうよう》ヲ一賦《ふ》」）

「蠅は美味しい食物の匂いや香りをたずね、やってこない場所はない（＝どんな場所にでもやってくる）」という意味です。「処」が「時」「物」などに変化すれば、「どんな時でも」、あるいは、「どんな物でも」という意味になります。

なお、否定の語が複数登場する文章であっても、本章冒頭に記したような「往者不レ追、来者不レ拒（往く者は追はず、来る者は拒まず）」や「無レ信不レ立（信無くば立たず）」などの例のように、並列や仮定の意味で用いられている場合もありますので、区別するようにしてください。

全部否定と部分否定

否定の語は、副詞と一緒になって、様々な意味をつくり出します。このとき、重要なのは、動詞と副詞が出てくる順序によって、その意味が大きく異なってくる点です。次の二つの例を見てください。

種ウルニレ之ヲ常ニ不シテレ及バレ時ニ（下略）

之を種《う》うるに常《つね》に時《とき》に及《およ》ばずして

（宋・蘇軾「稼《か》ノ説《せつ》」）

千里ノ馬ハ常ニ有レドモ、而モ伯楽ハ不二常ニハ有一ラ。

千里《せんり》の馬《うま》は常《つね》に有《あ》れども、而《しか》も伯楽《はくらく》は常《つね》には有《あ》らず。

（唐・韓愈「雑《ざつ》ノ説《せつ》」）

蘇軾《そしょく》の文章は、学問を十分に蓄えることの重要性を、土地と農作物との関係に喩えつつ、議論しています。すなわち、食物に困り、次々に作物を作ってゆくと、土地がやせてしまいますが、人もそれと同じで、学識に余裕を得てから働らかなければ、才能がすり減ってしまうと主張しています。ここに引用した文章は、「農作物の種をまくのに、いつも適切なタイミングでできない」という意味です。「常」「不」の順番であり、「つねに〜せず」と訓読し、「いつも〜しない」となります。

これに対して、韓愈《かんゆ》の文章は、一日に千里を走る能力を持った馬も、それを巧みに見分ける目利きがいなければ、十分に力を発揮できないことを論じています。今日でも、優れたコーチのことを「名伯楽」と呼びますが、その出処となった作品です。こちらは、「不」「常」の順番となっています。「つねには〜せず」と訓読し、「いつも〜というわけではない」となります。

以上に見たように、「副詞+不」と「不+副詞」では大きく意味が異なるわけですが、前者を「全部否定（全否定）」、後者を「部分否定（一部否定）」などと呼んでいます。漢文は語順が大切ですが、それが理解に直結する例と言えます。

同じような類型として、「必不〜」（かならず〜せず、絶対に〜しない）と「不必〜」（かならずしも〜せず、絶対に〜するというわけではない）、「甚不〜」（はなはだ〜せず、ひどく〜しない）」と「不甚〜」（はなはだしくは〜せず、そうひどく〜するというわけではない）」、「尽不（ことごとく〜せず、すべて〜しない）」と「不尽〜」（ことごとくは〜せず、すべて〜するというわけではない）」などがあります。

部分否定との関係で注意すべき表現

否定の語を重ねる形でも、部分否定を念頭に置きながら解釈すると分かりやすいものがあります。「未必不〜」や「不必不〜」の場合がそれにあたります。

弟子不二必ズシモ不ンバアラレ如カレ師ニ。

弟子《ていし》必《かなら》ずしも師《し》に如《し》かずんばあらず。

（唐・韓愈「師《し》ノ説《せつ》」）

韓愈は、自身より道を知っている人がいれば、年少であっても、身分が低くとも、自分の先生とすべきであると説いています。引用の文章は、「弟子であっても、必ずしも、先生に及ばない、ということではない（及ぶ場合もある）」という意味です。この場合も、「不必」という部分否定の表現が、それより下の部分にかかっていると考えれば分かりやすいでしょう。

また、副詞と否定の語と結びつく表現であっても、「不復」などは、他の部分否定と異なる扱いをしますので、注意が必要です。「不復」は、通常、訓読において「は」を付けず、「また〜せず」と訓読します。意味は「二度と〜しない」、あるいは、「もはや〜しない」などとなります。

黄鶴一《タビ》去《ツテ》不㆓復《タ》返《ラ》㆒

黄鶴《こうかく》　一《ひと》たび去《さ》って　復《ま》た返《かえ》らず。　（唐・崔顥「黄鶴楼《ろう》」）

ここで崔顥《さいこう》は、武昌（現在の武漢）にある黄鶴楼という建物から、黄鶴が飛び去って、もう二度と戻ってこなかったと詠っています。現在及び将来にそのような事態が起こる可能性が完全に否定されている点に留意してください。

なお、「復不」という用例も確認出来ますが、こちらは前の文章を受けて、今回もしなかったという文脈において、用いられることが多いようです。ただし、訓読は、「不復」と同様、「また〜せず」となります。

このほか、「敢不」及び「不敢」のかたちは、全部否定・部分否定の原則が当てはまりませんので、やはり注意が必要です。通常、「敢不」は、「あへて〜せざらんや（どうして〜だろうか、いやない）」という反語になり、「不敢」は、「あへて〜せず（すすんで〜するということはしない）」という強い否定となります。

様々な否定の用法

このほかにも、否定の語の用法は多くあり、到底ここでは尽くし得ませんが、文脈を見極めながら、柔軟に理解することが大切です。たとえば、「無」という一字だけを見ても、これまで挙げた用法以外に、「なくんば（ないならば、条件）」や「なかれ（するな、禁止）」など、様々な意味があります。次に引く詩は、今日教科書にも掲載されて有名ですが、その結句の「無」は、「きっと〜ないだろう」という否定の推量の意で用いられています。

西ノカタ出ヅレバ㆓陽関ヲ㆒無カラン㆓故人㆒

西《にし》のかた陽関《ようかん》を出《い》づれば　故人《こじん》無《な》からん。

（唐・王維「送《おくル》㆔元二《げんじノ》使《つかヒスルヲ》㆓安西《あんせいニ》㆒」）

この詩は、元二という人物が、西方の安西を統括する役所へ使いに行く際に作られた送別の詩です。陽関は砂漠の中にある関所であり、王維は「西の方へ旅に出て、陽関を過ぎてしまえば、もう知人もいなくなってしまうだろうから」と詠っています。

ちなみに、中国や日本では、別れに際して、この詩の一部を三度繰り返して朗誦する風習があり、「陽関三畳《ようかんさんじょう》」と言いました。江戸時代の例を挙げると、たとえば、幕府直轄の儒学の学校であった昌平黌《しょうへいこう》では、学生の送別の宴席において、この詩が吟じられ、最後に「無からん、無からん。故人なからん、西陽関を出づれば故人なからん」と三度繰り返したそうです。このことは、自身が昌平黌に学び、後に『米欧回覧実記』などの著作で有名になった久《く》米《め》邦武《くにたけ》が書き残しています（『久米博士九十年回顧録』、早稲田大学出版部、一九三四年、五二五頁）。

というわけで、否定の章もこれでおしまいです。これより詳しい説明は、以下の参考文献をご覧ください。それでは皆さん、ナカラン、ナカラン、コジンナカラン！

▼**合山林太郎**

参考文献

小川環樹・西田太一郎『漢文入門』（岩波書店、一九五七年）
牛島徳次『漢語文法論・古代編』（大修館書店、一九六七年）
西田太一郎『漢文の語法』（角川書店、一九八〇年）
江連隆『漢文語法ハンドブック』（大修館書店、一九九七年）
多久弘一・瀬戸口武夫『新版　漢文解釈辞典』（国書刊行会、一九九八年）
天野成之『漢文基本語辞典』（大修館書店、一九九九年）
二畳庵主人（加地伸行）『漢文法基礎―本当にわかる漢文入門』（増進会出版社、一九七七年、講談社学術文庫、二〇一〇年）
古田島洋介・湯城吉信『漢文訓読入門』（明治書院、二〇一一年）
加藤徹『白文攻略　漢文法ひとり学び』（白水社、二〇一三年）
星川清孝注解『古文真宝後集（新釈漢文大系）』（明治書院、一九六三年）

第6章◉【疑問形《ぎもんけい》と反語形《はんごけい》はどう区別《くべつ》するか】

筋道を立てて丁寧に論理を追いましょう。

疑問とは？

自分のなかで、確信が持てないことがらについて、人に尋ねたり、自分自身に問いかけたりするとき、その文は疑問の形を取ります。

話し言葉においては、たとえば「いい」という一言でも、尻上がりに発音すれば「いい？」と疑問形になりますし、逆に少し下がり気味にきっぱりと言い切れば「いい！」と断定口調になりますが、文章ではそれこそ「？」「！」といった符号を補わないと伝わりません。

漢文において疑問形であることを示すものは、「何」「誰」「幾」といった疑問を表す名詞、あるいは文末に置かれる「乎」「邪」「耶」「也」（いずれも「か」または「や」と読む）といった助詞で、このように文に書き手の気持ちを付け加えるような働きをする文字を助字と呼んでいます（後者のみを助字という場合もあります）。すなわち、疑問形の文には、疑問を表す助字が付け加わっているのです。

曾子曰《ハク》、「吾日《ニ》三二省《ス》吾《ガ》身《ヲ》。為《ニ》レ人《ノ》謀《リテ》而不《ル》レ忠《ナラ》乎、与二朋友一交《ハリテ》而不《ル》レ信《ナラ》乎、伝《フル》レ不《ルヲ》レ習《ハ》乎《ト》。」

曾子《そうし》曰はく、「吾《われ》日に吾が身を三省す。人の為に謀りて忠ならざるか、朋友と交はりて信ならざるか、習はざるを伝ふるか。」と。

（『論語』学而）

子曰《ハク》、「参乎、吾《ガ》道《ハ》一以《テ》貫《クト》レ之《ヲ》。」。曾子曰《ハク》、「唯《ト》。」子出《ヅ》。門人問《ヒテ》曰《ハク》、「何《ノ》謂《ヒゾ》也《ト》。」曾子曰《ハク》、「夫子之道《ハ》、忠恕而已矣《ト》。」

子曰はく、「参《しん》や、吾が道は一以て之《これ》を貫く。」と。曾子曰はく、「唯《い》。」と。子出づ。門人問ひて曰はく、「何の謂《い》ひぞや。」と。曾子曰はく、「夫子《ふうし》の道は、忠恕《ちゅうじょ》のみ。」と。

（『論語』里仁）

前者は「乎」を用いて自分自身に問いかけたもの、後者は、孔子の言葉の意味がわからなかった門人が、孔子が出て行った後で、その意味がわかった門人の曾子に尋ねたもの。文頭の「何」と文末の「也」、疑問を表す二つのことばが使われています。

反語とは？

現代の日本語においては、反語あるいは反語形というものを意識することは多くないと思います。しかし、知らないうちに、ある程度決まり文句のように使っていることがあります。

たとえば「負けてたまるか！」は、「負けても我慢できるか？いやできない、絶対負けたくない」の意味ですし、「これってアリ？」は「これはあっていいことなのか、いや、こんなことはあり得ないことだ」の意味です。つまり、一見肯定的な疑問文の形を取りながら、話し手は、その逆、強い否定を表現しようとしているのです。あるいは、自分に対する誤解を含んだ発言に対して「えっ、どうして○○なんて言うの？」と言えば、「○○なんてことはないのに」、という否定の気持ちをこめた表現になります。

このように、文の表面に現れたのとは反対の内容（しばしば強い意思や感情を伴う）を表現するのが反語というわけです。

日本語でもそうかもしれませんが、漢文において、反語の文は、形の上では疑問文と区別が付きません。さきほど述べた、疑問形を作るための助字が、そのまま反語形にも使われるからです。ならば、どうやって区別するのか？　いよいよ本題に入っていきましょう。

✿反語形に多く使われる語句

形の上では疑問形と反語形の区別は付かない、と言いましたが、教科書等に載る作品の範囲では、ほぼ反語形専用と言ってもいい表現もありますので、まずはそれを覚えましょう。

◯豈（あニ）

豈ニ遠シトセン二千里ヲ一哉。　豈に千里を遠しとせんや。（『十八史略』春秋戦国）

豈ニ能ク佩ビン二六国ノ相印ヲ一乎。　豈に能《よ》く六国《りっこく》の相印《しょういん》を佩《お》びんや。（『十八史略』春秋戦国）

二つとも文末に「哉」「乎」を伴っています。また、後者は「能」も伴っています。疑問詞と「能」が連続していると、反語になる場合が多いようです。訳せば、「どうして六ヶ国の宰相の地位を得ることなどできたであろうか（いやできなかった）」となります。

○焉有（いづクンゾ〜あランヤ）　＊「悪有」も使います。

焉クンゾ有ラン二仁人ノ在リテレ位ニ、罔スルコトヲレ民ヲ而モ可キ一レ為ス也。

焉くんぞ仁人の任に在りて、民を罔《もう》することを而《しか》も為すべき有らんや。（『孟子』梁恵王上）

「有」はこの場合、「仁人在位、罔民而可為（為政者の立場にある者が人民をわなにかけるようなことをしてしまう）」という状況が起こること、という抽象的な「ある」の意味で、いわば「焉有」全体で「そんなことはありえない」という意味になります（教科書によっては、「仁人位に在る有りて」と読んでいるものもあります）。これも文末に「也」を伴っています。

○何不（なんゾ〜ざランヤ）　＊**「盍」一文字のみでも同じ意味・訓み方で使います。**

此《レ》何《ゾ》不《ラン》㆑為《ラ》㆑福《ト》乎。

此れ何ぞ福と為《な》らざらんや。（『淮南子』人間訓）

○敢不（あへテ〜ざランヤ）

百獣之見《テ》㆑我《ヲ》而敢《ヘテ》不《ラン》㆑走《ラ》乎。

百獣の我を見て敢へて走らざらんや。（『戦国策』楚策）

「敢」の字は、通常「無理にでも〜する」「思い切って〜する」といった意味を表す副詞で、「不敢」だと「どうしても〜できない」「〜する勇気がない」という意味になります（なおここでの「走」は逃げるの意味）。語順の違いや、文の性格の違いによって意味が変わりますので、気をつけて下さい。

○不亦〜乎（まタ〜ずや）

学《ビテ》而時《ニ》習《フ》レ之《ヲ》、不二亦《タ》説《バシカラ》一乎。

（『論語』学而）

学びて時に之を習ふ、亦た説《よろこ》ばしからずや。

この場合の「亦」は「〜もまた」という並列の意味ではなく、「説」を強める「とても」「大変」の意味で使われています。なお、教科書によってはこの語句をを感嘆形（詠嘆形）としているものもありますが、否定の語を伴う疑問文が強い肯定を表す（「何とまあ、喜ばしいことではなかろうか」）という意味では、反語形に含めてもよいでしょう。

疑問形と同じ場合は？（1）漢詩の場合

それでは、語句の上からは疑問形と区別が付かない場合はどうすればよいか。これは、前後の文脈から考えるしかありません。

まずは、「豈」が使われていて、反語形であることが確実な例で見てみましょう。

名《ハ》豈《ニ》文章《モテ》著《ハレンヤ》

名は豈に文章もて著《あら》はれんや

官《ハ》応《ニシ》二老病《ニテ》休《ム》一

官は応《まさ》に老病にて休《や》むべし

（杜甫「旅夜書懐」）

都を離れ放浪の旅の最中に詠まれた、有名な杜甫の詩の一節ですが、五言律詩の第五・六句、すなわち対句の部分ですので、第五句の反語形の文を考えるときには、対になっている第六句と対照させながら読むのがよい方法です。

まず第六句から見ると、「官職は、年を取って病気にもなっているという理由で、もうおしまいにする（これ以上職に就かない）のが当然だ」の意味で、第一字「官」が主語、第五字が述語、第三・四字が動作の原因・理由を表す語（五文字という長さが決まっている詩なので、ただ「老病」としか書かれていませんが、普通の文章であれば「以老病（老病を以って）」のように原因・理由であることを明確にする助字「以」が使われるでしょう）となっていて、第二字「応」は「休」という動作が確実に行われるだろうという作者の意思あるいは予想を動詞に加える助動詞の役割です。

これをもとに第五句を見ると、第一字「名」が主語、第五字「著」が述語、第三・四字「文章」が動作の原因・理由、とここまで全く同じです。そうすると第二字「豈」も、やはり第五字の「著」という動作について、作者の何らかの意思・予想を加えるものであるはずです。この場合、第六句全体が非常にネガティブな内容、もう先行きの希望はない、という著者の絶望感を表現していますので、第五句も同様に、「名声は、文章の才能によって高まるといったことはない」という強い否定となるのです。

なお、第五句の内容について、ではなぜ杜甫はそう言うのか、という点で説が分かれています。文章の才能について相当の自負心があったのだが、それだけでは名声は得られず、このように不遇である、と考える説と、まだまだ私には文章の才能が足りないせいでこのように不遇なのだ、と考える説です（松浦友久編『校注唐詩解釈辞典』大修館書店、一九八七年。当該詩は宇野直人氏担当。なお、もう一説ありますが省略しました）。いずれにしても、「豈」が文章によって名声を得ることを否定しているのに変わりはありません。

次は、白居易が左遷された土地で詠んだ詩の第七・八句です。こちらは「何」が使われています。

心泰ク身寧キ是レ帰スル処

故郷何ゾ独リ在ルノミナランヤ二長安一

心泰《やす》く身寧《やす》きは是れ帰《き》する処

故郷何ぞ独り長安に在るのみならんや

（白居易「香炉峰下新卜山居、草堂初成、偶題東壁」）

ここは七言律詩の最後の部分ですので、全体のまとめとして読むべきところです。第一句から第四句まで、香炉峰のふもとに新築した別荘での安穏とした暮らしの様子を描き、第五・六句で江州司馬という都から遠く離れた地の大して仕事もない閑職を、むしろ隠者気取りで楽しもうという決意を述べます。

そして第七句、このように、心も体もおだやかでやすらかに暮らせるこの土地は「帰処」すなわち最後に行き着く所、「ついのすみか」だ、とするのです。この句の中にもう、「（だから長安なんかには戻りたくない）」という気持ちが含まれていると見てよいでしょう。それをダメ押しするのが次の第八句ですから、「何独」は単なる疑問ではなく、強い否定、「不独」と同じだと考えて、「ふるさとは決して長安だけではないのだ、この江州だって今や私にとってのふるさとなのだ」となるのです。

漢詩の場合、限られた字数で表現しますので、文末の助字は使われないのが普通です。

疑問形と同じ場合は？（２）文章の場合

文章の場合でも、対句的な表現や前提となる文から判断できるものがあります。

季路問《フ》レ事《ヘンコトヲ》二鬼神《ニ》一。子曰《ハク》、「未《ダ》能《ハ》レ事《フルコト》レ人《ニ》、焉《クンゾ》能《ク》事《ヘント》レ鬼《ニ》。」「敢《ヘテ》問《フト》レ死《ヲ》。」曰《ハク》、「未《ダ》レ知《ラ》レ生《ヲ》、焉《クンゾ》知《ラント》レ死《ヲ》。」

季《き》路《ろ》鬼《き》神に事《つか》へんことを問ふ。子曰はく、「未だ人に事ふること能はず、焉くんぞ能《よ》く鬼《き》に事へん。」と。「敢へて死を問ふ。」と。曰はく、「未だ生を知らず、焉くんぞ死を知らん。」と。

（『論語』先進）

弟子の季路の第一の問い、神や霊魂に仕えるとはどういうことか、というのに対して、孔子は四字句を対にして答えます。第二・三字「能事」は共通、第四字で「人」と「鬼」が対比されています。ここでは、人に仕えることよりも神や霊魂に仕えることの方がむずかしい(だからこそ季路はわざわざ先生に尋ねたわけです)、というのが前提となって話が進んでいます。ですから、対句的な表現ではあっても、二つの事柄は釣り合っているのではなく、最初に述べた「事人」が軽い(簡単な)もので、それさえも「未能」つまり「できない」のだから……、というふうに後へ続いていくのです。したがって、軽いものが否定されているのだから、重いものはなおさら否定される、つまり、単なる否定形ではなく、さらに否定を強調する反語形「焉」が使われている、というわけです(なお、「能」は否定形のときは「能は(ず)」、肯定形や疑問・反語形のときは「能く」と読みます)。

第二の問いには、「敢」が付いています。さきほど述べたように、思い切って、という話し手の決意を示す語です。既に回答を拒否されたも同然の孔子の答えを受けて、それでもなお聞きたい、という季路の気持ちがよく表れています。案の定、孔子は全く同じ答え方で応じ、「生」と「死」を対比させました。全体として、そんなことを考える時間があったら、目の前にいる(目に見える)生きた人間のことを思いなさい、という教えになっています。

蛇固《ヨリ》無《シ》レ足。子安《クンゾ》能《ク》為《ランヤ》二之《ガ》足《ヲ》一。

蛇固《もと》より足無し、子安くんぞ能く之が足を為《つく》らんや。

(『戦国策』斉策)

「蛇足」の故事として知られる話の一節です。早く蛇を描いた者は酒が飲めるというので競争していたところ、最初に描き上がった者が得意のあまり「吾能《ク》為《ル》二之《ガ》足《ヲ》一（吾能く之が足を為る）」と言って足まで描きはじめてしまい、次に描き上がった者にこう反論されて酒を奪われた、というものです。

二つの文のうち、前の文は「蛇にはもともと足がない」という一般的な真理を提示していて、それなのに……、といった形で後の文に続いていきます。「あなたはどうしてそれ（蛇）の足を描くことができるのか、いやいや蛇には足などないのだから、足のある蛇などありえない」という強い否定となるのです。また、足を描いた本人の発言「吾能為之足」に「安」一字を加えることによってその発言をひっくり返しているところも見事です。

子曰、「仁遠《カラン》乎哉、我欲《スレバ》レ仁《ヲ》、斯《ニ》仁至《ルト》矣。」

子曰はく、「仁遠からんや、我仁を欲すれば、斯《ここ》に仁至る。」と。

（『論語』述而）

この例は、孔子の発言の冒頭に反語形があるもので、その後の文にヒントがあります。「わたしが仁を求めれば、すぐに仁がやってくるのだ」。普通は遠いところにある、凡人では及びも付かない「仁」という徳目が、孔子にとっては大変身近で、欲しいと思えばたちどころにやってくる（やろうと思えばすぐにできる）、というのです（「斯」はここでは「則」と同じ、前を受けて後につなげる接続詞で、「即」〔すぐに〕のニュアンスも含みます）。しかも断定の助字「矣」もありますから、大変強い口調で言い切っています。

そこから前に戻って考えれば、すぐに来るのであれば、孔子にとって仁は遠いものではない、という意味だと解釈でき、これも反語形だと捉えられるのです。

漢文に限らないとは思いますが、文型・語形は、文章の一部分として、前後の文脈のなかで使われているものですから、著者・話し手の心の動きや論理の展開を読み取った上で、的確な解釈を心懸けて下さい。

▼**堀川貴司**

参考文献
小川環樹・西田太一郎『漢文入門』（岩波全書、岩波書店、一九五七年）
田部井文雄ほか『漢文学習小事典』（大修館書店、一九七二年）
西田太一郎『漢文の語法』（角川小辞典二三、角川書店、一九八〇年）
天野成之『漢文基本語辞典』（大修館書店、一九九九年）

第7章◉【漢詩《かんし》のルール】

複雑なルールもこうすれば理解できます。

形式――七言詩と2・2・3

漢詩の形式の話からはじめましょう。次にあげるのは、晩唐の杜牧《とぼく》「贈別」という詩です。

多情却ツテ似タリ総テ無キニレ情
唯ダ覚ユ罇前笑ヒノ不ルヲレ成ラ
蝋燭有リレ心還タ惜シミレ別レヲ
替ハリテレ人ニ垂レレ涙ヲ到ル二天明ニ一

多情却《かへ》つて似たり　総《すべ》て情無きに
唯《た》だ覚ゆ　罇前《そんぜん》　笑ひの成らざるを
蝋燭《ろうそく》　心有り　還《ま》た別れを惜しみ
人に替はりて涙を垂れ天明に到る

思いが強すぎると、かえって思いがないような状態になる。ただ、酒を前にして笑顔がないことに気づくのみ。蝋燭にも心があるかのように、別れを惜しみ、人が泣かないかわりに、なみだ（蝋涙）をながして夜明けにいたる。

例外はありますが、漢詩の多くは五言詩と七言詩です。一句が漢字五字ならば五言詩、七字ならば七言詩です。絶句はそれが四句から成り、律詩は八句から成ります。したがってこの詩は七言絶句です。一句が七字で、それが四句あります。つまり、七かける四の二十八字から成ります。

一方、七言律詩なら、一句は七字で、八句あります。つまり、七かける八の五十六字から成ります。あるいは五言律詩は、一句が五字で、それが八句。五かける八の四十字から成ります（五言絶句ならば二十字ということになります）。もっとも、逆に、たとえば「五十六字あれば必ず七言律詩」とはかぎりません。これについてはあとで触れます。

「起承転結」という言葉は知っている人も多いでしょう。絶句の場合、第一句を「起句」、第二句を「承句」、第三句を「転句」、第四句を「結句」といいます。この「贈別」ならば、「多情却似総無情」が起句、「唯覚罇前笑不成」が承句……ですね。

こういう七言詩は、ほとんどの場合、「2・2・3」のリズムになります。起句ならば「多情」「却似」「総無情」、承句ならば「唯覚」「罇前」「笑不成」のように（五言詩は「2・3」のリズムになります）。

また訓読するときは、できるだけ上から下へと読み、複雑な返りかたをしないのが普通です。たとえば起句を「多情却って総て情無きに似たり」と読んだり、承句を「唯だ罇前 笑ひの成らざるを覚ゆ」と読んだりしてもよいのですが、あまりそういう返りかたはしません。

次に、盛唐の崔顥《さいこう》の「登ル二黄鶴楼ニ一」という詩を掲出します。七言詩で八句から成ります。

「黄鶴楼」は、揚子江岸にある建物。むかし、この地の酒屋を一人の仙人が訪れ、壁に黄色い鶴をえがいたことを記念して、楼閣がきずかれたとされます。

昔人已《ニ》乗《ジ》二黄鶴《ニ》一去《ル》
此《ノ》地空《シク》余《ス》黄鶴楼
黄鶴一《タビ》去《ツテ》不二復《タ》返《ラ》一
白雲千載空《シク》悠悠
晴川歴歴《タリ》漢陽《ノ》樹
春草萋萋《タリ》鸚鵡洲
日暮《レ》郷関何《レノ》処《カ》是《ナル》
煙波江上使《ム》二人《ヲシテ》愁《ヘ》一

昔人《せきじん》已《すで》に黄鶴《こうかく》に乗《じょう》じ去《さ》る
此《こ》の地《ち》空《むな》しく余《あま》す黄鶴楼《ろう》
黄鶴一《ひと》たび去つて復《ま》た返《かへ》らず
白雲千載《はくうんせんさい》　空しく悠悠《ゆうゆう》
晴川歴歴《せいせんれきれき》たり漢陽《かんよう》の樹《き》
春草萋萋《しゅんそうせいせい》たり鸚鵡洲《おうむしう》
日暮《ひく》れ郷関何《いづ》れの処《ところ》か是《これ》なる
煙波《えんぱ》江上　人をして愁《うれ》へしむ

いにしえの人は黄色い鶴に乗って去ってしまい、この地には黄鶴楼がのこるばかり。黄色い鶴は去ってしまい、ふたたびかえることはなかった。長い年月を経て白い雲が悠々と漂っているだけだ。晴れた空のもと、川のところに漢楊の木々がはっきりと見える。春の草が鸚鵡洲にしげっている。日は暮れた。どこが私の郷里なのか。波にもやが立つ川のほとりで、私に旅愁をおぼえさせる。

「昔人」が、壁に黄色い鶴をえがいた仙人をさすのは前述のとおり。この仙人はその後「白雲」に乗って飛びさったとされます。「漢陽」は現在の武漢市の一部。「鸚鵡洲」は、揚子江中にある中洲です。

律詩では、第一・二句を「首聯《しゅれん》」、第三・四句を「頷聯《かんれん》」、第五・六句を「頸聯《けいれん》」、第七・八句を「尾聯《びれん》」といいます。「首」は、クビではなくアタマの意。「頷」はアゴ、「頸」がクビ、「尾」はシッポを意味します。

さて、七言詩なので、この詩も「２・２・３」のリズムになっていますね。第一句は「昔人」「已乗」「黄鶴去」、第二句は「此地」「空余」「黄鶴楼」というように。ただしこの詩は「律詩」というにはやや破格の詩です。それについてはまたあとのほうで述べましょう。

❀対句——黄色い鶴と白い雲

律詩では、頷聯・頸聯はどちらも対句になります。さきの「登黄鶴楼」で見てみましょう。

第三句・第四句は次のような詩形でした。

黄鶴一去不復返
白雲千載空悠悠

どちらも一字目は「黄」「白」という、色を表す漢字がつかわれていますね。また三字目は「一」「千」と、どちらも数を表す漢字がつかわれていました。五〜七字目はややゆるやかですが、このように構成の似た句がふたつならんだ状態を「対句」といいます。

第五・六句はどうでしょうか。

晴川歴歴漢陽樹
春草萋萋鸚鵡洲

三字目と四字目は、「歴歴」「萋萋」のように、同じ漢字をかさねてつかっています。また「漢陽」と「鸚鵡洲」はどちらも地名です。細かく見ると一字目は「晴」と「春」のように天候・時候と関係がある漢字が共通してつかわれていることにも気がつきます。

このように第三句と第四句、第五句と第六句が必ず対句になるのが、律詩の大きな特徴です。この対句がないものは、たとえ八句あっても律詩とはいえません。

もう一例、中唐の白楽天《はくらくてん》の「香炉峰下《こうろほうか》、新《タニ》卜《シ》二山居《ヲ》一、草堂初《メテ》成《ル》、偶題《ス》二東壁《ニ》一」という七言律詩を掲出しましょう。

日高《ク》睡《リ》足《リテ》猶《ホ》慵《シ》レ起《クルニ》
小閣《ニ》重《ネテ》レ衾《ヲ》不レ怕《レ》レ寒《キヲ》
遺愛寺《ノ》鐘《ハ》欹《テテ》レ枕《ヲ》聴《キ》
香炉峰《ノ》雪《ハ》撥《ゲテ》レ簾《ヲ》看《ル》
匡廬《ハ》便《チ》是《レ》逃《ルルノ》レ名《ヲ》地
司馬《ハ》仍《ホ》為《リ》二送《ルノ》レ老《イヲ》官一
心泰《ク》身寧《キハ》是《レ》帰《スル》処

日高く睡《ねむ》り足りて猶は起くるに慵《もの う》し
小閣に衾《ふすま》を重ねて寒きを怕《おそ》れず
遺愛寺の鐘は枕を欹《そばだ》てて聴き
香炉峰の雪は簾《すだれ》を撥《かか》げて看る
匡廬《きやうろ》は便《すなは》ち是れ名を逃るるの地
司馬は仍《な》ほ老いを送るの官為《た》り
心泰《やす》く身寧《やす》きは是れ帰する処

故郷何ゾ独リ在ルノミナランヤ二長安ニ一

故郷何ぞ独り長安に在るのみならんや

日が高くのぼり、じゅうぶんにねむったのに、まだ起きる気にならない。小さな家で布団をかさねれば、寒さもおそれることがない。枕を傾けて遺愛寺の鐘の音を聴き、簾をはねあげて香炉峰の雪をみる。匡廬（廬山）は名誉とは無縁の生活にふさわしい土地であり、司馬は老年を過ごすのによい閑職である。心が平安で身体が無事であることこそ安住するところ。長安だけが故郷ではない。

第三・四句の最初の四字は、「遺愛寺」の「鐘」と、「香炉峰」の「雪」が対になります。その下の五～七字も対になっているので、返り点のつけかたが似た構造になります。第五・六句も見ましょう。最初の二字が「匡廬」と「司馬」で対になります。そのあとの二字・三字も似た構造になっていますが、特に五～七字の構造が対になっていることは返り点のつけかたを見てもわかるでしょう。

押韻――唐詩からエヴァンゲリオンまで

最初に見た詩「贈別」に話をもどします。次のような詩でしたね。「多情却似総無情　唯覚罇前笑不成　蝋燭有心還惜別　替人垂涙到天明」。

それぞれの句の最後の漢字に注目してください。起句の最後は「情」、承句の最後は「成」、転句の最後は「別」、結句の最後は「明」です。

手元に『五十音引き講談社漢和辞典』があるので、「情」という漢字を引いてみます。すると庚という記号が書かれていました。「成」「明」という漢字も同様に庚の記号があります（「別」は屑）。これは、情・成・明という漢字が、中国語で似た系統の発音に属することを意味しています（日本風の発音でも「情」はjou、「成」はjou、「明」はmyouですから、似た発音ですね。「成就」「明星」などの熟語で考えましょう）。やや専門的な言い方になりますが、「下平八庚」と呼ばれる韻です。

このように七言絶句では、原則として第一・第二・第四句の最後に、似た発音の漢字がきます。これを「押韻《おういん》」といいます（第一句は韻を踏まないことも）。

日本語で押韻といえばラップ音楽ぐらいしか日常で接するものにはないかも知れませんが、おそらく世界的には韻を踏む詩というのは珍しいものではありません。たとえば、「新世紀エヴァンゲリオン」のエンディングテーマとしても有名なジャズの名曲「Fly me to the Moon」の冒頭は英語では

Fly me to the moon, and let me play among the stars.
Let me see what spring is like on Jupiter and Mars.

stars と mars が韻を踏んでいることがわかります。

同じように「登黄鶴楼」の場合は、第二句の最後が「楼」、第四句の最後が「悠」、第六句の最後が「洲」、第八句の最後が「愁」で、韻を踏みます（下平十一尤）。

また「香炉峰下…」では、第二句の最後が「寒」、第四句の最後が「看」、第六句の最後が「官」、第八句の最後が「安」で、押韻します（上平十四寒）。

平仄——八句あっても律詩ではない？

さきほど「贈別」の詩について、「情」や「別」という漢字の発音の話をしました。そのとき、庚○や屑●という記号に触れました。この○は平声《ひょうしょう》であることを、●は仄声《そくせい》であることを意味します（なお、韻字はたいてい平声をつかいます）。

中国語の漢字の発音には平声と呼ばれるものと、仄声と呼ばれるものの、二種類があります。これは現代日本語ではほとんど区別がつかないので、自分でも漢詩をつくってみようという人以外は、読者として漢詩に接しているだけではあまり必要ではない知識です。ただ、音読みしたときに「惜《せき》」や「却《きゃく》」「覚《かく》」「燭《しょく》」のように「キ」「ク」がつく漢字、「月《げつ》」「湿《しつ》」のように「ツ」がつく漢字などが、必ず仄声になるということは、おぼえておいて良いかも知れません。

さて、「贈別」は、次のような詩でした。

多情却似総無情

唯覚罇前笑不成
蝋燭有心還惜別
替人垂涙到天明

平音を○、仄音を●でしめすと、次のようになります。

○○●●●○○
●●○○●●○
●●●○○●●
●○○●●○○

各句の二字目・四字目・六字目に注目してください。

起句の二字目が平声ですが、こういう場合、律詩や絶句では起句の四字目は仄声、六字目は平声になります。

その場合、第二～四句の二字目、四字目、六字目も決まります。承句の二字目は仄声、四字目は平声、六字目は仄声になるのが原則です。

転句も同様。二字目は仄声、四字目は平声、六字目は仄声です。

結句は反対に、二字目が平声、四字目が仄声、六字目が平声になります。

もし起句の二字目が仄声ならば、そのあとの平仄はすべて反対になります。起句の四字目は平声、承句の二字目も平声というふうに。

このほかにも、下三字（各句の五・六・七字目）に平声が三つとか仄声が三つならぶのを避ける。あるいは四字目が平声なら、三字目と五字目がどちらも仄声になるのは避けるなど、実は漢詩には複雑な決まりがあるのです。

律詩「香炉峰下…」の平仄も見てみます。

日高睡足猶慵起	●○●●○○●
小閣重衾不怕寒	●●○○●●○
遺愛寺鐘欹枕聴	○●●○○●●
香炉峰雪撥簾看	○○○●●○○

匡廬便是逃名地　○○●●○○●
司馬仍為送老官　○●○○●●○
心泰身寧是帰処　○●○○●○●
故郷何独在長安　●○○●●○○

各句の二字目・四字目・六字目の平仄の決まりも、絶句のそれと同様です。この詩も第一句の二字目が平声なので、四字目は仄声、六字目は平声になります。一方、第二句は二字目が仄声、四字目が平声、六字目が仄声です（以下も同様ですが、第七句の六字目は例外です。詳しい説明ははぶきますが、これは挟《はさ》み平《ひょう》と呼ばれる形式です）。

最後に「登黄鶴楼」の平仄をあげておきましょう。

昔人已乗黄鶴去　●○●○○●●
此地空余黄鶴楼　●●○○○●○

黄鶴一去不復返　○●●●●●●
白雲千載空悠悠　●○○●○○○
晴川歴歴漢陽樹　○○●●●○●
春草萋萋鸚鵡洲　○●○○○●○
日暮郷関何処是　●●○○○●●
煙波江上使人愁　○○○●●○○

平仄についてはさまざまなルールがあると指摘しましたけれども、この詩では必ずしもそれがまもられていません。たとえば第一句の二字目は平声ですから、四字目は仄声、六字目は平声になるべきですが、そうなってはいません。第三句の二字目は仄声ですが、四字目も仄声になっていますね。第三句のように仄声がずらりとならぶのも異例ですし、第四句の五字・六字・七字目がみな平声になっていますが、これも珍しい。

つけ加えると、律詩では同じ漢字を繰り返しもちいることを避けるのが原則ですけれども、

「黄鶴」という熟語が何度もつかわれているほか、「去」や「空」「人」も複数回つかわれています。はじめのほうで、「登黄鶴楼」は律詩としては破格であると言いましたが、それはこういった理由があってのことです。このように縛りのゆるやかな詩を「古詩」ということがあります。

では「古詩」では一般に押韻はどのようになるのか、など、まだまだ語りたいことはあるのですが、基本的な漢詩のルールはひとまずここまでといたしましょう。

▼**杉下元明**

参考文献
河井酔茖『詩語辞典』(松雲堂書店)
松浦友久編『校注/唐詩鑑賞辞典』(大修館書店)
松浦友久編『続校注/唐詩鑑賞辞典/付　歴代詩』(大修館書店)
揖斐高『江戸詩歌論』(汲古書院)
一海知義『一海知義の漢詩道場』(正・続)(岩波書店)

第8章◉【知《し》っておきたい『論語《ろんご》』のことば】

何歳になってもその年なりに味わい深いです。

「古典」としての『論語』

『論語』は、儒教の実質的な開祖である孔子とその弟子たちの言行を記録したもので、その大半は、孔子のことばからなっています。儒教というと、古くさくて堅苦しいものと思われがちですが、先入観ぬきに『論語』を読んでみると、現代の我々にも様々な示唆を与えてくれる内容が、日常的なことばで平易に語られていることが分かります。

また、『論語』のことばの与える印象は、読み手の人生経験の蓄積とともに刻々と変化していくのも特徴で、いわば、『論語』は「噛めば噛むほど味がある」書だといえます。

こうしたところが、『論語』が長く読み継がれてきた「古典」たるゆえんでしょう。

孔子の生涯

『論語』の主人公である孔子は紀元前五五二年（五五一年説もあります）に、魯《ろ》（現在の中国の山東省にあった国）に生まれました。姓は孔、名は丘、字は仲尼《ちゅうじ》。「孔子」の「子」は一種の敬称（あえて訳せば「孔先生」）ですが、通常「孔子」という呼び名が用いられています。

孔子の家は下級の支配層に属していましたが、父は孔子が生まれて間もなく亡くなり、若年期は貧しい生活を送ったといいます。ただ、学問に対して強烈な情熱を持ち続け、三十歳の頃には自分自身の立場を確立したと孔子自らが語っています。

孔子は、身長百九十センチともいわれる大男で、その顔つきは「魔除け」のようであったといい、その姿からは強烈なオーラが発せられていたものと推測されます。

当時の中国では、周王室を頂点とする封建制度が弛緩し、下剋上の風潮が蔓延してきていました。そうした中で、孔子は、周初の秩序の復活を目指して活動し、五十代の頃には魯の国の政治家として実績をあげ、外交交渉でも活躍しましたが、結局、孔子の改革は挫折してしまいます。そこで彼は魯を去り、自身の理想を実現すべく諸国を十数年にわたって訪ね歩いたものの、さしたる成果を挙げられず、晩年は魯に戻り、弟子たちの教育に従事するとともに、儒教の経典の整理などにあたり、紀元前四百七十九年に亡くなりました。

『論語』の成立とその注釈

『論語』には孔子だけではなく、孔子の弟子のことばも収録されているので、孔子の孫弟子以降の時期に編纂が始まったものと思われます。前漢の初期には、三種のテキストがありましたが、取捨選択を経て現在の形にまとめられました。

『論語』のことばは断片的で具体的な文脈が分からないものが多く、それを理解するには、注釈に頼らざるをえません。『論語』の注釈で全巻が現存する最古のものは、魏《ぎ》の何晏《かあん》（?〜二四九）の『論語集解《しっかい》』です。その後の注釈としては南宋の朱熹《しゅき》（一一三〇〜一二〇〇）の『論語集注《しっちゅう》』が著名で、朱子学の普及とともに、日本を含めた東アジアで広く読まれました。他には、清朝考証学を代表する注釈として劉宝楠《りゅうほうなん》（一七九一〜一八五五）の『論語正義』などがあります。他には、日本でも、朱子学に批判的な立場から独自の見解を示した伊藤仁斎《いとうじんさい》（一六二七〜一七〇五）の『論語古義《こぎ》』や荻生徂徠《おぎゅうそらい》（一六六六〜一七二八）の『論語徴《ちょう》』など、一流の学者のさまざまな注釈が存在します。
これらの注釈書にみられる解釈は、驚くほど多様です。そのうちのどれが最も納得がいくかを自分自身の観点から考えてみるのも、『論語』を読む愉しみの一つです。
では、まず『論語』の冒頭のことばからみていきましょう。

学問について

子曰《ハク》、「学《ビテ》而時《ニ》習《フ》レ之《ヲ》、不二亦説一乎。有《リ》下朋《ノ》自《リ》二遠方一来《タル》上、不二亦《タ》楽《シカラ》一乎。人不《シテ》レ知《ラ》而不レ慍《ラ》、不二亦《タ》君子《ナラ》一乎。」

子曰《い》はく、「学びて時に之《これ》を習ふ、亦た説《よろこ》ばしからずや。朋《とも》の遠方自《よ》り来たる有り、亦た楽しからずや。人知らずして慍《いきどほ》らず、亦た君子ならずや。」

（学而。以下、『論語』のことばの後のカッコ内は篇名）

先述のように「○子」は「○先生」の意ですが、孔子一門で「先生」といえば孔子に決まっているので、多くの場合、単に「子」と呼ばれます。「曰はく」以下が孔子の発言の記録です。
日本語の「まなぶ」は「まねぶ」と関連が深いといいますが、この章の「学」も「模倣する」

というのが主な意味です。学問の出発点は、まずお手本を真似ることにあるというのは、日

本と中国で共通です。なお、当時、孔子の一門で「学ぶ」対象となったのは、過去の聖人た

ちがのこした『詩経』『書経』などの経典や「礼」「楽(音楽)」などの実践をともなう文化遺産だっ

たと考えられています。

次の「時に」は「しかるべき時に」と「常に」、「習う」は「実習する」と「復習する」な

ど複数の解釈がありますが、いずれにせよ、学んだことを実地に繰り返し、身につけてゆく

プロセスを表します。「亦た…ならずや(不亦…乎)」は、「…ではないか」という構文、「説」は「悦」

と同じです。よって、「また説ばしからずや」は「うれしいことではないか」という意味で、

学んだことが自分のものになり、レベルが向上していくよろこびを表します。

次の部分は「遠くから友だちがたずねてきてくれるとは、楽しいことではないか」という

ことですが、この「友だち」は自分と同様に学問に励む友人を指し、そうした友と学問につ

いて語り合うたのしさを表現しています。

ただ、学問に励んでも常に他人が認めてくれるとは限りません。それが「人知らず」とい

うことですが、そんな時にも腹を立てない(慍らず)、そういう人は、君子(立派な人物)ではないか、

と最後に孔子は締めくくります。(「人知らずして慍らず」を、「こちらが教えたことを相手が分かってくれな

くても怒らない」とする説もあり、教育に携わる者としては心したいところですが、この章の解釈としては、話の流れか

らみて適切ではないでしょう。)

後に述べるように、孔子やその門下にとって、学問とは、単に知識を蓄積するためだけの

ものではなく、自らを人間として磨き上げてゆくためのものです。だからこそ、学んだことが自身の血肉となった時のよろこび、志を同じくする友との語らいの楽しさはひとしおなのでしょう。また、学問はあくまで自分のためのものですから、他人が評価してくれるか否かは二の次になります。

伊藤仁斎はこの章を「小論語」だと評しました。大上段に振りかぶらず、何気ない語り口で『論語』全編の精神を集約したこのことばは、『論語』の冒頭を飾るに相応しいものといえるでしょう。

さて、孔子のいう学問は、まず書物や先生の教えの模倣から始まるわけですが、もしそれだけに終わるとすれば、学ぶ側の主体性や個性を重視する今日の我々の教育についての考え方とは相容れません。そして、孔子も「学ぶ」ことのほかに「思う（主体的に思索する）」ことも重視していました。例えば、孔子は「学んでも思索を加えなければ、ものの道理がよく理解できない。思索をするだけで学ばなければ、独断に陥って危険である」（為政）と述べ、「学」と「思」は学問をする上で双方とも不可欠なものだとします。ただ、彼は「私は以前、一日中食事せず、一晩中寝ずに思索したことがあるが、無益だった。学ぶことには及ばない」（衛霊公）ともいっていて、「思」も必要ではあるが、「学」の方がより重要だと強調しています。こうした考え方は、今日の文脈では、「主体的な学びというのも結構だが、それ以前に吸収すべきことが山ほどあるのだから、それを抜きにしてあれこれ言っても無意味だ」という警告として読めるでしょう。

君子について

ところで、前章では、「君子」を「立派な人物」と大まかに訳しましたが、朱熹は、君子を「徳を完成させた人」と解釈します。実は、孔子やその弟子たちにとっての学問の目標とは、まず第一に君子となること、つまり、自らの徳を完成させることでした。

君子は元々は支配層の人を指す語でしたが、そこから、道徳的に優れた人物という意味へとうつっていきました。『論語』では、主に後者の意味で使われますが、前者の意味合いも消えてはいません。

では君子とはどのような人物なのか。これは、君子の反対概念の「小人《しょうじん》」と比べることでイメージすることができます。（なお、「小人」という語も、もとは被支配層の人を指したのですが、それが次第に道徳的に劣った、つまらぬ者という意味になっていきました。）

『論語』の中では、「君子」と「小人」を対比することばがいくつもありますが、有名な孔子のことばを三つ挙げておきましょう。

子曰《ハク》、「君子《ハ》喩《リ》二於義《ニ》一、小人《ハ》喩《ル》二於利《ニ》一。」

子曰はく、「君子は義に喩《さと》り、小人は利に喩《さと》る。」

先生がいわれた、「君子は道義に敏感であり、小人は利益に敏感である。」

（里仁）

子曰《ハク》、「君子《ハ》和《シテ》而不レ同《ゼ》、小人《ハ》同《ジテ》而不レ和《セ》。」

子曰はく、「君子は和して同ぜず。小人は同じて和せず」

先生がいわれた、「君子は（主体性を保ちつつ、他人と）バランスよく調和するが、（主体性なく、他人に）付和雷同することはない。小人は、他人に付和雷同し、調和することがない。」（子路）

子曰《ハク》、「君子《ハ》求《メ》二諸《ヲ》己《ニ》一、小人《ハ》求《ム》二諸《ヲ》人《ニ》一。」

子曰はく、「君子は諸《これ》を己に求め、小人は諸《これ》を人に求む」

先生がいわれた、「君子は（何かあると）責任を自分の中に求めるが、小人は責任を他人におしつける。」（衛霊公）

一つ補足しておくと、孔子の教えは「禁欲」を過度に強調するものではないので、「利」を一概に全て否定するわけではありません。ただ、常に「義」を「利」よりも優先して考えるべきだということで、「人々が合理的に利益を追求すれば、あとは市場によってうまく調整される」などという楽観的な考え方はとりません。

こうして見ると、現代社会にはあまりにも多くの「小人」があふれているといえるでしょう。もちろん、人間の価値観は時代とともに変わるものなので、「小人」が跋扈していたとしても、それで世の中がうまくいっているのならばよいのですが、現状をみるかぎり、「それはどうかな」という孔子の声が聞こえてきそうです。

さて、君子は「徳を完成させた人」だといいましたが、孔子が人間が身につけるべき徳として最も重視したのが「仁」です。朱子学では、仏教の理論に対抗する必要もあって、「仁」について非常に抽象的な哲学的議論が展開され、「仁」にとてつもなく重い意味が与えられてしまいましたが、『論語』の中で言及される「仁」はそれほど大仰なものではなさそうです。孔子自身、「仁は遠く離れたものだろうか。自分が仁を求めれば、仁はすぐやってくる」（述而）というように、「仁」は人間にとってとても身近なものだと考えていました。

ただ、「では、仁とは何か」を知ることは簡単ではありません。孔子は、ある弟子の質問には、仁は「人を愛することだ（人を愛す）」（顔淵）と答え、別の弟子の質問には「利己を抑制し、礼の規範に復することだ（己れに克ちて礼に復する）」（同右）と答えていますが、これだけではまだ漠然としています。

実は、「学而《がくじ》」篇の第二章（つまり『論語』全書の二番目）には、有若《ゆうじゃく》という孔子の有力な弟子のことばが置かれ、その中に「孝弟《こうてい》（『孝』は父母によく仕えることと、『弟』は現在では通常『悌』と表記され、兄や年長者によく仕えることを示す）は、仁の徳の根本だろう」とあります。ここから見ると、「仁」とは、肉親の間の自然な愛情を基礎として、それを拡張したもののように思われます。いずれにしても、これまで存在してきた「仁とは何か」という問題に関する議論の数はあまりにも膨大で、恐らく一生かかっても全てに目を通すことは不可能でしょう。

ただ、「どのような人間が仁の徳とは縁が無いか」ということはハッキリしています。

恐らく次のことばは、多くの方が一度は耳にしたことがあるでしょう。

子曰《ハク》、「巧言令色、鮮《ナシ》矣仁。」

子曰はく、「巧言令色《こうげんれいしょく》、鮮《すく》なし仁。」

（学而）

「巧言」は、ことばを巧みに飾ること、「令色」は、うわべの顔つきを愛想よくつくろうことを指し、「鮮なし仁（鮮矣仁）」は、通常「仁、鮮なし（仁鮮矣）」というのを、倒置によって強調したものです。つまり言葉や見た目などの表面を飾る者には、仁の徳を持ったものは滅多にいない（強調表現がとられているので、実質的には「決していない」）と孔子はいっています。では、今の我々の社会でもこの言葉が通用するかどうか、これは非常に興味深い問題です。

あるべき政治とは

孔子やその門人が学問をする目的は、第一義的には自身の徳を完成させることにありました。ただ、「君子」という語が元来支配層の人を表すことからもうかがえるように、彼らは、機会があれば、積極的に政治に参画し、その学識を生かして秩序ある社会をきずき、民の生活を安定させるべきだとも考えていました（実際には、孔子自身がそうした手腕を生かす機会はあまりありませんでしたが）。

では、孔子が考えていた「あるべき政治」とはどのようなものだったでしょう。孔子が季康子《きこうし》という魯の国の家老に当たる人に政治についてたずねられた際のことばを見てみましょう。

季康子問《フ》二政《ヲ》於孔子《ニ》一。孔子対《ヘテ》曰《ハク》、「政者正也。子帥《ヰテ》以《テ》正《シケレバ》、孰《カ》敢《ヘテ》不《ラン》レ正《シカラ》。」

季康子政を孔子に問ふ。孔子対《こた》へて曰はく、「政は正なり。子帥《ひき》ゐて以て正しければ、孰《たれ》か敢《あ》へて正しからざらんや」

季康子が「政（政治）」のことを孔子にたずねた。孔子はこたえていわれた、「『政』とは『正』ということです。あなたが率先して正しくしていれば、誰が不正なことをするでしょうか。」

（顔淵）

なお、「子帥…」の「子」は「先生」の意ではなく、会話で相手を呼ぶ用法です。また、「政は正なり」のように、ある語の意味を同じ発音（あるいは類似した発音）の語によって説明する手法は、中国でもよく用いられます。

では、「政は正なり」という場合の「正（正しいこと）」とは何か。それは、まず第一に「為政者の道徳的な正しさ」です。そして、孔子は、上に立つリーダーが正しい人間であれば、下にいる者たちはその影響を受けて、おのずと正しいことをするようになるはずだというのです。さらに孔子は、比喩的な言い方でもこのことを表現しています。

子曰《ハク》、「為《スニ》レ政《ヲ》以《テスレバ》レ徳《ヲ》、譬《ヘバ》如《シ》下北辰《ノ》居《テ》二其《ノ》所《ニ》一、而衆星共《ルガ》上レ之《ヲ》」

子曰はく、「政を為すに徳を以てすれば、譬《たと》へば北辰《ほくしん》の其の所に居て、衆星《しゅうせい》之を共《めぐ》るが如《ごと》し」

先生がいわれた、「政治を行うのに徳によっていけば、ちょうど北極星が自分のところに居ながら、多くの星がそれを中心として回るようなものである。」（為政）

つまり、為政者が道徳に基づいて政治を行っていけば、特別なことをせずとも、下の者たちは、北極星のまわりを回る星のように、自然と秩序正しく動いていく、ということです。

このような、「為政者は道徳に基づいて政治を行うべきであり、為政者が道徳的に優れた者であれば、政治はおのずとうまくいく」という考え方は「徳治主義」といわれ、後世では非現実的な政治論の代表であるかのようにいわれます。確かに、こうした考え方は、リーダーの顔が直接見えるような小さな共同体では有効だったかもしれませんが、中国の後の歴代王朝のような大規模な帝国においては、単なる建前でしかなかったことは否定できません。しかしながら、今日では、各種のメディアの飛躍的な発展に伴い、これまでに無いほど「政治家の顔が見える」ようになっています。このような新たな時代において、孔子のいう「徳治主義」も、それをそのままの形で適用することは難しいにせよ、その精神には、改めて評価すべき部分が少なからずあるはずです。

孔子は政治の要諦についての弟子の質問に対し、「食糧を十分にし、軍備に十分にし、民に政治家を信頼させる」という三つを示し、その中で最も重要なのは最後の一項であり、「民は信無くんば立たず」と喝破しました（顔淵）。このことばは、日本の政治家も時折（ただし、いささか軽々しく）引用していますが、孔子の真意を本当に理解できているか、いささか疑問です。我々は、孔子が「軍備」や「食糧」よりも政治にとって重要だとした「信」の意味を、今こそ改めてじっくりと考えてみるべきではないでしょうか。

以上、『論語』のことばの中から、そのごく一部を紹介してきましたが、もし少しでも興味を持たれた方がおられれば、参考文献に挙げたもの以外にも、多数の個性的な解説書がありますので、是非、『論語』の全巻に一度目を通していただければと思います。

最初にも触れたように、『論語』（というより、これはあらゆる「古典」に共通しますが）は読み手の側の経験とともに、様々な見え方をする書物です。筆者自身、学生時代に全くピンとこなかったけれども、今になってじんわりと心にしみてくることばがいくつもあります。前に『論語』を少し読んでみたことはあるけれども…という読者の中に、この機会に改めて『論語』を手にとってみようという気持になった方が一人でも現れれば、筆者としては望外の喜びです。

参考文献

金谷治（訳）『論語』（岩波文庫）
朱熹（土田健次郎訳注）『論語集注1〜4』（平凡社東洋文庫）
伊藤仁斎『論語古義』（貝塚茂樹（編）『日本の名著（13）伊藤仁斎』（中央公論社）所収）
荻生徂徠（小川環樹訳注）『論語徴1・2』（平凡社東洋文庫）
小島毅『儒教の歴史』（山川出版社）

▼**高柳信夫**

第9章◉【楽《たの》しい故事成語《こじせいご》の世界《せかい》】

成立した背景を知るとわかりやすくなります。

身近で魅力的な故事成語

みなさんは、「矛盾《むじゅん》」や「五十歩百歩《ごじっぽひゃっぽ》」、そして「推敲《すいこう》」といった言葉を使ったり、耳にしたりしたことはないでしょうか。一般に、矛盾は「つじつまが合わないこと。前に言ったことと、後に言ったこととが合わないさま」、五十歩百歩は「似たりよったり」、推敲は「詩歌や文章の字句を取捨して、何度も練り上げる」といった意味で使われます（以上の意味は『全訳 漢辞海 第四版』戸川芳郎監修、佐藤進・濱口富士雄編、三省堂、二〇一七年を参照）。私たちの日常によく登場するこれらの言葉は、故事成語と呼ばれています。

故事成語の「故事」とは、昔から現在にいたるまで伝えられてきたいわれのある事柄のことであり、故事成語はその故事から生まれた言葉のことです。人生における教訓や知恵などを表すものとして使われています。そしてその故事の多くは、今から数百～数千年前の中国にて生まれたものでした。

ここで改めてこの故事成語について考えをめぐらすと、実はそれがとても魅力的な言葉であることがわかります。例えばその魅力の一つとして、長い意味内容を数文字で表現できるという点があげられます。矛盾というたった二文字で「つじつまが合わないこと。前に言ったことと、後に言ったこととが合わないさま」を表すことが可能です。このように故事成語は、私たちの会話や作文の効率性を高めてくれるのです。

ただ、故事成語の魅力は、表現として便利だという点につきるものではありません。故事成語が楽しく魅力的であるその理由は何より、故事成語がいずれも大変興味深い故事に基づいているという点にあります。私たちは故事自体への理解を深めることによって、いっそう故事成語を自由に使いこなすことができ、また故事成語の楽しさを味わうことができると言えます。以下では、この故事と故事成語との関係に注目しながら、冒頭の三つの代表的な故事成語について解説をしていきたいと思います。

故事とその出どころとなった文献の調べ方——漢和辞典の活用

本節では、故事と故事成語との関係を考える際の重要な基礎作業を紹介したいと思います。故事成語にはその由来となった故事があり、さらに多くの場合、その故事の出どころとなった文献が存在します。私たちが故事成語を理解しようとするのであれば、その文献を見つけだし、その故事がどのような文脈で現れているかを調べる作業が必要です。

では、由来となった故事やその出どころとなった文献は、どのようにして見つければよいのでしょうか。その方法の一つとして、漢和辞典を活用することがあげられます。ある故事成語が漢和辞典で取りあげられている場合、そこには由来となった故事とその出どころとなった文献が記載されているはずです。今試しに『漢辞海』の矛盾の解説を見てみると、意味とともに、由来となった故事の説明とそれが『韓非子《かんぴし》』という文献の難一《なんいち》という箇所に存在することが明記されています。これにより私たちは、『韓非子』難一にアクセスし、矛盾の故事がどのような文脈で現れているのかを知ることができるのです。これまで辞典を引く際に言葉の意味の解説しか見ていなかった方は、今後その言葉の由来とその言葉の出どころとなった文献を確認する習慣をつけるとよいでしょう。

✿矛盾

以上、重要な基礎作業を紹介したところで、次に、代表的な故事成語を解説していきたいと思います。まずは矛盾。前述のように、矛盾の故事は『韓非子』難一に見られます。『韓非子』は中国の戦国時代の思想家である韓非《かんぴ》（？～前二三三）の著とされています。以下は矛盾の故事の現代語訳と書き下し文です。

楚の人で盾と矛とを売る者がいた。その人は盾を自慢して「私の盾がかたいこと、突き通せるものはない」と言った。さらにその矛を自慢して「私の矛が鋭いこと、突き通せないものはない」と言った。ある人が「あなたの矛で、あなたの盾を突き通したらどうなるだろうか」と言った。その人は答えることができなかった。

楚人《そひと》に盾《たて》と矛《ほこ》とを鬻《ひさ》ぐ者有り。之《これ》を誉めて曰はく、「吾《わ》が盾の堅きこと、能《よ》く陥《とほ》す莫《な》きなり。」と。又其《そ》の矛を誉めて曰はく、「吾が矛の利《と》きこと、物に於《お》いて陥さざる無きなり。」と。或《あ》ひと曰はく、「子《し》の矛を以《もっ》て、子の盾を陥さば、何如《いかん》。」と。其の人応《こた》ふる能《あた》はざるなり。

楚は春秋戦国時代に存在した国名。盾は手に持って身を守る武具、矛は長い柄の先に両刃の剣がついた武具です。もし何でも突き通せない盾が存在するなら、何でも突き通せる矛などは存在しないはずです。逆に、何でも突き通せる矛が存在するなら、何でも突き通せない盾などは存在しないはず。つまり、そのような盾と矛とは同時に存在することができないのです。以上のような故事から「つじつまが合わないこと。前に言ったことと、後に言ったことが合わないさま」という意味で矛盾という故事成語が生まれていきました。

ただ韓非は、こうした矛と盾との故事を、単におもしろいエピソードとして紹介しているわけではありません。実は、上記の引用の前後には次のような文脈があったのです。

韓非が生きた戦国時代は、儒家《じゅか》や墨家《ぼっか》、法家《ほうか》など諸子百家《しょしひゃっか》と呼ばれる思想家集団が活躍した中国史上特筆すべき時代でした。諸子百家はそれぞれに個性を持つ集団で、しばしば相互に対立し、相手を論破することで自らの地位を高めようとしました。このような対立の代表例の一つが、儒家と法家との対立です。君主が徳によって民を感化すべきだとする政治論を展開する儒家に対し、君主の絶対的権力と厳格な法律による統治の重要性を説いたのが韓非ら法家でした。韓非は『韓非子』難一にて次のような儒家批判を展開しています。儒家の祖である孔子《こうし》は堯《ぎょう》とその後継者の舜《しゅん》という二人の聖人を崇拝しているが、堯が天子であった時に舜が民のための政治に精進しなければならなかったということは、天子である堯の政治に問題があったということになり、逆に堯が民のための政治を実現できていたのなら、舜がそのような政治を行うということも成り立たないであろう、つまり堯と舜を同時に称賛することは論理的におかしい。以上の儒家批判に説得力を持たせるために韓非が持ち出したのが、矛と盾の話だったのです。

このように矛盾の故事は、法家による儒家批判という中国史上の重要な文脈において登場するものでした。そして韓非の儒家批判の論理は、大変巧みなものであったことがわかります。こうしたことを知ることで、私たちが普段何気なく使っていた矛盾という故事成語が、いかに歴史的な重みを持ったものであったかを実感することができます。私たちはこのように、故事成語の由来となる故事がどの文献に基づいているのかということと、故事がどのような文脈において登場するかに注意することで、より深く楽しく故事成語を理解することができるのです。

五十歩百歩

次に五十歩百歩を見てみましょう。実はこれも戦国時代の思想家の発言に由来するものです。その思想家とは儒家の孟子《もうし》（前三七二?〜前二八九）でした。儒家は前述のとおり法家が自身の論争相手とみなした一大学派でした。五十歩百歩は、その儒家の言動の特徴を見るうえでも興味深い故事成語と言えます。その由来となった故事は、『孟子』梁恵王《りょうけいおう》上に存在します。

梁の恵王は、自国の人民が隣国に比べて増えないことを悩み、次のように孟子に問いかけます。自分は、凶作が起こると人民を凶作でない土地に移してやったり、移動できない者には穀物を運搬してやったりして人民のために尽くしているのに、なぜ隣国に比べて人民が増えないのであろうか、と。その問いへ孟子は次のように答えました。

王様は戦争がお好きなので、戦争をたとえにさせてください。ドンドンと進軍の太鼓を打ち鳴らして刀や槍が交わりあった時、よろいを捨て武器を引きずって逃げだしました。ある者は百歩で止まり、ある者は五十歩で止まりました。五十歩で止まった者が、百歩で止まった者をあざけり笑うのはどうでしょうか。

王戦ひを好む。請ふ戦ひを以《もっ》て喩《たと》へん。塡然《てんぜん》として之に鼓し、兵刃《へいじん》既に接するに甲《こう》を棄《す》て兵を曳《ひ》きて走る。或《あ》いは百歩にして後止《とど》まる。或いは五十歩にして後止まる。五十歩を以て百歩を笑はば則《すなは》ち何如《いかん》。

この孟子の質問に、梁の恵王は「それはいかん。ただ百歩逃げなかったというだけだ。五十歩逃げた者も逃げたことにはかわりない（可《よ》からず。直《た》だ百歩ならざるのみ。是《これ》も亦《また》走るなり）」と答えました。そしてこの梁の恵王の答えを聞いた孟子は、「王様がもしそのことを理解されるのであれば、人民が隣国より多いことを望んではいけません（王如《も》し此《これ》を知らば則ち民の鄰国より多きを望む無かれ）」と述べたのです。以上が五十歩百歩の故事の出どころですが、その意味を理解するには、さらにそのあとを読む必要があります。孟子がこのような形で梁の恵王に意見を述べたのには、次のような背景がありました。孟子の見るところ、梁の恵王は普段から家畜に人が食べる食物を与え、餓死者がいても米倉を開かないといった悪政を行っていました。そして人民が飢えてしまう根本的な原因を自分の悪政のせいではなく、凶作のせいにしてしまっていたのでした。そんなことでは人民のことを考慮しない隣国と大差ないということになります。孟子は以上のような意味で、梁の恵王を五十歩逃げた者にたとえたのです。

孟子は梁の恵王への批判を行うとともに、君主が徳に基づき真に人民のためを思った政治をすることの重要性を主張しています。孟子はそうした政治を「王道」と呼んでいます。孟子は、人民が安定した生活を送り死者をきちんと弔うことのできる社会を実現することこそ王道の起点であると説き、その実現の具体策として、農繁期に人民を使役しないことにより穀物生産を増やすこと、稚魚を乱獲させないことで魚やすっぽんの数を増やすこと、材木の伐採時期を限定してむやみな伐採をさせないことで材木を増やすことなどユニークな提案をしています。これらを起点にして完成へといたる王道は、儒家の政治論の最も重要なものの一つであり、前節で見た法家の政治論と鋭く対立するものでした。このように五十歩百歩の故事には、王道の実現を目指す孟子の熱意が存在していたのです。

推敲

前節では戦国時代の故事に由来する故事成語を見てきましたが、その他の時代の故事に由来する故事成語も数多く存在します。そのなかでも私たちがよく使うものとして推敲があげられます。この故事成語の故事の出どころは宋の計有功《けいゆうこう》（生没年未詳）が編纂した『唐詩紀事《とうしきじ》』であるとされています。この書物は、唐の詩人に関するエピソードを集めたもので、推敲の由来となった故事は、詩人・賈島《かとう》（七七九〜八四三）を紹介した箇所に登場します。

賈島は科挙受験のために都に至り、ろばに乗って詩を作り、「僧は推す月下の門」という句を思いついた。「推《お》す」を「敲《たた》く」に改めようと思った。手を伸ばしておしたりたたいたりする動作をしてみたが、決めきれないでいた。思わず都の長官の韓愈の行列にぶちあたった。そこで詳細に事情を説明した。韓愈は「敲の字のほうが良い」と言った。そのまま手綱をならべて長いこと詩を論じあった。

賈島《かとう》挙に赴きて京《けい》に至り、驢《ろ》に騎《の》りて詩を賦《ふ》し、「僧は推す月下の門」の句を得たり。推を改めて敲と作《な》さんと欲す。手を引きて推敲の勢ひを作すも、未《いま》だ決せず。覚えずして大尹韓愈《たいいんかんゆ》に衝《あ》たる。乃《すなは》ち具《つぶさ》に言ふ。愈曰《い》はく、「敲の字佳《よ》し。」と。遂《つひ》に轡《たづな》を並べて詩を論ずること之《これ》を久しくす。

以上の故事が史実ではないことはすでに諸研究が指摘していますが、ともあれ、詩作に夢中になりすぎて大官の列に衝突してしまうというエピソードが生まれたことからは、賈島がいかに表現にこだわり完成まで気を抜かなかったかをうかがうことができます。ここから、「詩歌や文章を何度も練り直す」という意味の推敲が生まれていったわけです。

賈島が出くわした韓愈《かんゆ》（七六八〜八二四）は、著名な儒家でありかつ後に唐宋八大家《とうそうはちだいか》と称された大文人でした。この故事からは、詩作を媒介とした二文人の深い関係を読み取ることができます。実際、賈島は、韓愈にその才能を認められ、そのもとで優れた詩を残しています。

またこの故事は、中国の文人にとって詩や詩作がいかに重大事であったかをうかがわせてくれるという点でも興味深いものと言えるでしょう。

故事から故事成語にいたるまでのプロセス

さて、故事成語を理解する際に故事や文献に注目することは、次のような意味でも重要であると言えます。実は、今回取りあげた五十歩百歩は、出どころとなった文献に「五十歩百歩」という言葉自体が登場するわけではありません（矛盾は「矛楯」という表記で登場）。また文献のなかに「矛盾」、「五十歩百歩」、「推敲」というタイトルを持つ章が存在するわけでもありません。つまり、故事成語は、歴代の人々がある文献の故事をもとに時間をかけて作り出したり、見出していったりしたものなのです。

では故事はどのようにして故事成語になっていったのでしょうか。これは解明するのが難しい問題ですが、近年のある研究は、類書《るいしょ》と呼ばれる中国古来の百科事典的書物が果たした役割を指摘しています。すなわち、世界のあらゆる事象を、項目とそれに関する文献の引用とによって網羅しようとする類書は、さまざまな引用の仕方や見出し語の形式を生み出していき、そうした引用法と見出し語の展開、そして類書を読む読者層の広がりが、故事成語の成立に大きく関係していたという指摘です（湯浅邦弘『故事成語の誕生と変容』角川学芸出版、二〇一〇年）。故事成語の成立を考えるうえで大変興味深い説だと言えます。

また、もともとの故事と故事成語との間で意味のズレが起こることもあります。例えば

「塞翁《さいおう》が馬《うま》」。この故事の出どころは漢の時代の劉安《りゅうあん》（前一七九〜前一二二）が編纂した『淮南子《えなんじ》』人間訓《じんかんくん》で、編者の本来の主張とは、凡庸な者は不幸が幸福に転じ幸福が不幸に転じるという世の中のあり方を理解することができない、というものでした。それが現在では、世の中のあらゆることは運不運が定まらないことのたとえとか、人生の運不運は転々として予測できないとか、人生の運不運は予測できないので幸運でも喜ぶに足らず不運でも悲しむに足らずとかいった意味で用いられています（「塞翁が馬」についても、前掲の湯浅邦弘『故事成語の誕生と変容』を参照）。こうした意味のズレが存在するということからも、私たちは故事自体を理解しておく必要があるのです。

例文を作ってみよう

以上、故事成語に関するポイントを解説してきましたが、最後に重要なことは、私たちが実際にそれを使い、将来に継承していくことでしょう。そこで本節では、まとめもかねて、矛盾、五十歩百歩、推敲を使った例文を作ってみることにしましょう。

まずは矛盾。「彼は最初にここへ来たのは自分だと言っているが、彼女も自分が最初に来たと言っている。二人の発言は矛盾している」などが考えられます。論理的に両立しない事物を考えるのは案外難しく、その点で韓非の矛と盾の話は極めて秀逸だと言えます。

次に五十歩百歩。「今回の応募作品はどれも五十歩百歩だ。とびぬけて心に訴えかけてくるものが見当たらない」といった例文が考えられます。注意すべきは、五十歩百歩の故事のように、ある事物に対しマイナスの評価を下す際に用いるということです。したがって「この決勝戦の結果は予測しがたい。両選手とも五十歩百歩の優れた実力を持つからだ」といった例文は誤りとなります。

最後に推敲。「私は推敲を重ねてその読書感想文を書き上げました」といった例文が考えられます。賈島のような境地に達するのは相当難しいとはいえ、私たちも良い文章を書けるよう推敲の努力を怠らないようにしたいものです。

▼小野泰教

参考文献
『月刊　しにか』（特集 故事成語を読み解く――再発見！中国四千年の智恵、第一三巻第二号、二〇〇二年）
湯浅邦弘『故事成語の誕生と変容』（角川学芸出版、二〇一〇年）

第10章◉【中国《ちゅうごく》の地名《ちめい》とその特色《とくしょく》】

実際に訪れてみませんか？

中国全土

「香炉峰」の雪

本書の「はじめに」で紹介されたように、『枕草子』第二八〇段では、白居易の詩句「香炉峰の雪は簾《すだれ》を撥《かか》げて看る」が取りあげられ、平安貴族たちの間で愛誦されていた様子を見ることが出来ます。目の前の雪をすぐさま「香炉峰の雪」に結びつけるなど、漢詩文に親しんだ清少納言たちにとって、中国の古典に登場する彼の地の事物は、確固たるイメージを持った、想像力掻き立てるものだったと言えるでしょう。

本章では、古くから日本人に知られた中国の地名（或いは建築物）に着目し、その情報源となった主要作品を鑑賞します。そして私たちの祖先が、行ったことも見たこともない地に抱いたイメージを、そこに確認してみようと思います。

長江流域——黄鶴楼・赤壁・白帝城

長江《ちょうこう》は、黄河とともに中国大陸を流れる二大河川の一つです。チベット高原北東部を源に、西から東へと流れるこの中国最長の河川流域には、肥沃な土地、風光明媚な景観、商業都市などが点在し、古くから様々な文化が生まれ、多くの文学作品の舞台となりました。ここではその中から、黄鶴楼《こうかくろう》、赤壁《せきへき》、白帝城《はくていじょう》の三か所を取り上げてみます。

「黄鶴楼」は、武昌の西南隅に位置し、長江を見下ろす黄鶴磯《こうかくき》の上に建てられた楼です。三国時代、呉の黄武年間に創建されたと言われ、雄大な長江の流れを一望できる名所でした。現在の黄鶴楼は、黄鶴磯から東に一キロ、蛇山の頂上に移動して再建されています。

李白（七〇一～七六二）の「黄鶴楼にて孟浩然《もうこうねん》の広陵《こうりょう》に之《ゆ》くを送《おく》る」を見てみましょう。孟浩然（六八九～七四〇）は、「春眠　暁を覚へず、処処《しょしょ》　啼鳥を聞く」（「春暁」）等で知られる詩人で、李白と親交がありました。広陵は江蘇省揚州《ようしゅう》です。この詩は、孟浩然が武昌《ぶしょう》から揚州へと長江を下って旅に出るのを、李白が黄鶴楼で送別した時のものです。

故人西ノカタ辞シ㆓黄鶴楼ヲ㆒

故人《こじん》　西《にし》のかた黄鶴楼を辞《じ》し

煙花三月下ル㆓揚州ニ㆒
孤帆ノ遠影碧空ニ尽キ
唯ダ見ル長江ノ天際ニ流ルルヲ

煙花《えんか》　三月《さんがつ》　揚州に下《くだ》る
孤帆《こはん》の遠影《えんえい》　碧空《へきくう》に尽《つ》き
唯《た》だ見《み》る　長江《ちょうこう》の天際《てんさい》に流《なが》るるを

友人の孟浩然は、西の方、武昌の黄鶴楼に別れを告げ、春霞に花が煙る三月、揚州へと舟で下って行った。ポツンと遠くに浮かんだその帆影は、青空の中へと消えてしまい、その後はただ、長江が天の果てまで流れるのが目に映るだけ。

第一句の「故人」は、昔なじみの人、友人の意味で、第二句「煙花」は春霞のたなびく美しい景色のことです。

黄鶴楼にはいくつか伝説があります。その一つに、昔この地で酒屋を営んでいた辛氏、辛氏にただで酒を飲ませてもらっていた道士、そして道士が酒代の代わりにと、去り際にみかんの皮で壁に描いた鶴による話があります。この鶴が舞うことで店は大評判、辛氏は大儲けします。十年後、再び戻ってきた道士は笛を吹いて壁から鶴を出し、その鶴にまたがって天空へと飛び去って行きました。辛氏はこれを記念し、黄鶴楼を建てたと言うのです。李白が大絶賛したという崔顥《さいこう》（?～七五四）の「昔人《せきじん》　已《すで》に白雲《はくうん》に乗《じょう》じて去《さ》り、此《こ》の地《ち》　空《むな》しく余《あま》す黄鶴楼」（「黄鶴楼」）の詩は、この伝説を踏まえたものです。

「赤壁」は三国時代の有名な古戦場で、湖北省蒲圻《ほき》県の西北、長江の南岸にあります。後漢の二〇八（建安十三）年、呉の孫権《そんけん》と蜀の劉備《りゅうび》の連合軍が魏の曹操《そうそう》とこの地で激戦を交えました。結果は孫権、劉備連合軍の大勝利、以後、情勢は三国鼎立へと向かいました。

杜牧《とぼく》（八〇三〜八五二）の「赤壁」は、歴史上の事実を主題にして作られた「詠史詩」です。ところでこの「赤壁」という地名、実は長江沿いにいくつか存在します。杜牧が詠んだ「赤壁」ですが、三国志の戦場址とされる「赤壁」（別名　武赤壁）ではなく、詩人が黄州刺史在任中（八四二〜八四四）に訪れた、黄州の「赤壁」（別名　文赤壁）だったようです。

折戟沈ミテ㆑沙ニ鉄未ダ㆑銷ケ
自ラ将ツテ磨洗シテ認ム㆓前朝ヲ㆒
東風不ンバ㆘与ニ㆓周郎ノ㆒便ゼ㆖
銅雀春深クシテ鎖サン㆓二喬ヲ㆒

折戟《せつげき》　沙《すな》に沈《しず》みて鉄未《てついま》だ銷《と》けず
自《みずか》ら将《も》って磨洗《ません》して前朝《ぜんちょう》を認《みと》む
東風《とうふう》　周郎《しゅうろう》の与《ため》に便《べん》ぜずんば
銅雀《どうじゃく》　春深《はるふか》くして二喬《にきょう》を鎖《とざ》さん

長江の砂にうずもれていた折れた戟《ほこ》、その鉄は今もまだ朽ちてはいない。手に取って錆をきれいに落とすと、三国時代のものであったことが分かる。もしもあの戦いで、東風が「周郎」〝周の若様〟と呼ばれた周瑜《しゅうゆ》の為に都合よく吹いていなければ、春深い銅雀台《どうじゃくだい》に喬氏《きょうし》の美人姉妹は囚われの身となっていたであろう。

第三句は、呉の将軍の周瑜が群がる曹操の軍船に火攻めの計を用い、大きな打撃を与えた事実を踏まえます。そして第四句の「銅雀」は、曹操が魏の都の鄴城《ぎょうじょう》（河北省臨漳県の西）に築いた壮麗な楼台である銅雀台で、「二喬」は呉主孫権の死んだ兄孫策の妻である大喬、周瑜の妻である小喬を指します。曹操が呉を攻めたのは、実はこの二人の美女を得る為だったという民間伝承があり、それを絡めて詠っているのです。

「白帝城」は、四川省奉節県の東の、長江に臨んだ山上にあり、三峡の入口に位置します。後漢の初め、この地で自立を図った公孫述が城塞を築き、城中の井戸から立ち上る竜のような白い煙を見て、自らを白帝と称し、この城塞を白帝城と名付けたと言われます。

李白の「早《つと》に白帝城を発《はっ》す」は、白帝城周辺のダイナミックな自然を描写する一首です。

朝ニ辞ス白帝彩雲ノ間

千里ノ江陵一日ニシテ還ル

朝《あした》に辞《じ》す　白帝彩雲《はくていさいうん》の間《かん》

千里《せんり》の江陵《こうりょう》　一日《いちじつ》にして還《かへ》る

両岸ノ猿声啼キテ不レ住マラ
軽舟已ニ過グ万重ノ山

両岸《りょうがん》の猿声《えんせい》　啼《な》きて住《とど》まらず
軽舟《けいしゅう》　已《すで》に過《す》ぐ　万重《ばんちょう》の山《やま》

早朝、朝焼けに浮かぶ白帝城を出発し、千里もの距離を経て、江陵（湖北省江陵）へ一日で戻ってきた。両岸からは猿の声が絶え間なく聞こえていたが、その中を小舟はあっという間に、幾重にも重なる無数の山々を通り過ぎていた。

第二句は、長江の激流を一気に流れ下る様子を描いたもので、「千里」、「一日」といった数字が実に効果的な、李白らしいスケールの大きな表現と言えます。

晩年の杜甫（七一二～七七〇）は、長江を下って夔州《きしゅう》（四川省奉節県）に移住しました。その間に詠んだ詩には、「楚王宮北《そおうきゅうほく》　正《まさ》に黄昏《こうこん》、白帝城西《はくていじょうせい》　過雨《かう》の痕《あと》あり」（「返照《へんしょう》」）や、「寒衣《かんい》　処《しょ》処《しょ》　刀尺《とうせき》を催《もよほ》し、白帝城　高《たか》くして暮砧《ぼちん》急《きゅう》なり」（「秋興《しゅうきょう》」二）など、「白帝城」が描かれたものがあります。

「白帝城」はまた、三国時代の二二二年、蜀の劉備が義弟関羽《かんう》の弔い合戦をし、呉の軍勢に大敗した後、退却して立てこもった地でもあります。その翌年の四月、劉備は白帝城の西にある永安（奉節県）で病没しました。『三国志』巻三十五「諸葛亮伝」には、劉備が諸葛亮《しょかつりょう》に、「君《きみ》が才《さい》は、（魏の）曹丕《そうひ》に十倍《じゅうばい》す。必《かなら》ず能《よ》く国《くに》を安《やす》んじ、終《つい》に大事《だいじ》（漢王室再興の大事業）を定《さだ》めん。若《も》し嗣子《しし》（跡継ぎの劉禅）輔《たす》く可《べ》くんば之《これ》を輔《たす》けよ。如《も》し其《そ》れ不才《ふさい》ならば、君自《きみみずか》ら（帝位を）取《と》るべし」と、蜀の後事を託した場面があります。

楚漢戦争の舞台——鴻門・垓下

司馬遷（前一四五？〜前八六？）の著した歴史書『史記』の中で、とりわけ有名な場面として知られる「鴻門の会」と「四面楚歌」。その舞台となったのが、前者は「鴻門《こうもん》」、後者は「垓《がい》下《か》」です。

始皇帝の死後、秦の暴政に対する不満が一気に高まりました。そして前二〇九年、農民出身の陳勝と呉広の蜂起をきっかけに、様々な勢力が乱立する暴動となり、全国へと広がりました。この中で頭角を現したのが、項羽と劉邦の二人でした。両者は当初、楚の王族として擁立された懐王の下で秦軍との戦いを展開し、それぞれ秦の本拠地である関中（陝西省一帯）を目指しました。

「鴻門」は、陝西省臨潼県《せんせいしょうりんとうけん》の東、始皇帝の墓陵である驪山《りざん》の真北に位置します。漢の元年（前二〇六）、秦の領地を攻略平定しながら、項羽はやっと函谷関《かんこくかん》（河南省霊宝県の西南にある関所）に到達しました。ところがそこは劉邦の配下に守備され、項羽らは進むことが出来ません。さらに劉邦がすでに秦の都である咸陽《かんよう》（陝西省西安市の北西）を攻め落としたことを知って項羽は激怒、函谷関を攻撃して関中に入り、劉邦軍と対峙しました。四倍もの軍勢を率いる項羽に対し、劉邦は自らの参謀である張良《ちょうりょう》、そして張良と交流があり、劉邦軍の危機から張良を救おうとした項羽の叔父、項伯《こうはく》らの勧めを受け入れ、「鴻門」で項羽と会見、謝罪することにします。『史記』「項羽本紀」には、「鴻門の会」当日の様子が次のように描かれています。劉邦はこの時、「沛公《はいこう》」と呼ばれていました。

項王《こうおう》・項伯《こうはく》は東嚮《とうきょう》して坐《ざ》し、亜父《あほ》は南嚮《なんきょう》して坐《ざ》す。亜父なる者《もの》は范増《はんぞう》なり。沛公《はいこう》は北嚮《ほっきょう》して坐《ざ》し、張良《ちょうりょう》は西嚮《せいきょう》して侍《じ》す。范増 数《しばしば》項王《こうおう》に目《もく》し、佩《はい》する所《ところ》の玉玦《ぎょくけつ》を挙《あ》げて以《もっ》てこれに示《しめ》す者《こと》三《み》たび、項王黙然《もくぜん》として応《おう》ぜず。范増起《た》ち、出《い》でて項荘《こうそう》を召《め》し、謂《い》ひて曰《いは》く、「君王人《くんおうひと》と為《な》り忍《しの》びず。若《なんぢ》入《い》りて前《すす》みて寿《じゅ》を為《な》し、寿《じゅ》畢《を》はらば剣《けん》を以《もっ》て舞《ま》はんことを請《こ》ひ、因《よ》りて沛公を坐《ざ》に撃《う》ちてこれを殺《ころ》せ。しからずんば、若《なんぢ》の属《ぞく》皆《みな》且《まさ》に虜《とりこ》とする所《ところ》と為《な》らんとす」と。荘則《そうすなは》ち入《い》りて寿《じゅ》を為《な》し、寿畢《こ》はりて曰《いは》く、「君王、沛公と飲《の》むに、軍中以《ぐんちゅうもっ》て楽《たの》しみを為《な》すなし。剣《けん》を以《もっ》て舞《ま》はんことを請《こ》ふ」と。項王曰《いは》く、「諾《だく》」と。項荘剣《けん》を抜《ぬ》き起《た》ちて舞《ま》ひ、項伯も亦剣《またけん》を抜《ぬ》き起《た》ちて舞《ま》ひ、常《つね》に身《み》を以《もっ》て沛公を翼蔽《よくへい》し、荘撃《う》つを得《え》ず。

「亜父」范増は項羽の老参謀です。劉邦に天子の気があることを恐れた范増は、この会見で劉備を殺害すべきと項羽に進言しました。そして会見中には「玉玦」、環状で一部分が欠けている佩玉のことで、「玦《けつ》」「決《けつ》」の音通《おんつう》から、決断《けつだん》の意を象徴すると言われるその装飾品を持ち上げ、それを合図に何度となく殺害を促します。しかし項羽は一向に行動を起こしません。業を煮やした范増は、項羽の従弟である項荘を会見場に呼び入れ、劉邦に長寿を祝う酒杯を献じ、剣舞に乗じて劉邦を殺すようにと命じました。そこで項荘は剣舞をしながら劉邦を狙いますが、項伯が剣を抜いて一緒に舞い、劉邦をかばうように舞った為に、劉邦を撃つ機会を逸してしまいます。

この後、劉邦の「参乗」護衛である樊噲《はんかい》の乱入、劉邦の会見場からの脱出、そして無事の帰還と続き、范増の企ては失敗に終わるのでした。

軍事面で圧倒的優位にあったものの、「鴻門の会」で劉邦を倒せなかった項羽。長江中流地帯を領有した戦国楚の武将の家系に生まれ、恵まれた肉体と才知を備えたこの豪傑は、過剰な自信と周囲への猜疑心という性格上の欠点の為、無意味な殺戮を引き起こすなど、次第に人心を失います。そして劉邦に追い詰められた項羽が破滅へと向かう中、「四面楚歌」の成語で知られる名場面が生まれました。『史記』「項羽本紀」からその一部を見てみましょう。

項王の軍《ぐん》、垓下に壁《へき》す。兵少《へいすく》なく食尽《しょくつ》く。漢軍及《かんぐんおよ》び諸侯《しょこう》の兵《へい》、これを囲《かこ》むこと数重《すうちょう》。夜《よる》、漢軍の四面《しめん》、皆楚歌《みなそか》するを聞《き》く。項王、乃《すなは》ち大《おほ》いに驚《おどろ》きて曰《いは》く、「漢《かん》、皆已《みなすで》に楚《そ》を得《え》たるか。是《こ》れ何《なん》ぞ楚人《そひと》の多《おほ》きや」と。項王、則《すなは》ち夜起《よるお》き、帳中《ちょうちゅう》に飲《いん》す。美人《びじん》あり、名《な》は虞《ぐ》、常《つね》に幸《こう》せられて従《したが》ふ。駿馬《しゅんめ》、名《な》は騅《すい》、常《つね》にこれに騎《き》す。是《ここ》に於《お》て項王、乃《すなは》ち悲歌《ひか》忼慨《こうがい》し、自《みづか》ら詩《し》を為《つく》りて曰《いは》く、「力《ちから》は山《やま》を抜《ぬ》き、気《き》は世《よ》を蓋《おほ》ふ。時利《ときり》あらず、騅逝《ゆ》かず。騅の逝かざるを奈何《いかん》すべき。虞や虞や、若《なんぢ》を奈何《いかん》せん」と。歌《うた》ふこと数闋《すうけつ》、美人、これに和《わ》す。項王、泣数行下《なみだすうぎょうくだ》る。左右《さゆう》、皆泣《みなな》き、能《よ》く仰《あふ》ぎ視《み》る莫《な》し。

「垓下」は、安徽省霊璧《れいへき》県の東南に位置します。前二〇二年十二月、「鴻門の会」の後、陝西省南部の地である漢中を与えられ、漢王となっていた劉邦率いる「漢軍」は、韓信《かんしん》、彭越《ほうえつ》ら「諸侯」の軍とともに、項羽率いる楚軍を「垓下」に追い詰め、包囲しました。周囲を取り囲む漢軍が皆、「楚歌」項羽の故郷である楚の民謡を歌うのを耳にし、項羽はもはや楚はすっかり漢の手中に落ちてしまったと思います。「虞」とは項羽に寵愛されたいわゆる虞美人のことで、「騅」は項羽が常に乗っていた名馬です。項羽は夜中に起きて酒を飲み、この現状を嘆き、自作の詩を歌いました。「わが力は山を引き抜き、わが気は天下を覆う。しかし時が味方せず、騅は進まない。騅が進まないのを、どうしたらよいものか。虞よ虞よ、そなたをどうしたらよいのだろうか」と数回繰り返して歌い、虞美人もこれに唱和します。項羽の目からは幾筋もの涙が流れますが、周囲の者たちも皆泣き、誰も顔を上げて仰ぎ視ようとはしませんでした。

この後、項羽は包囲網を突破、一路南へと逃れます。その途中で追っ手と奮戦するも、多くの配下を失い、長江西岸の烏江亭《うこうてい》（安徽省和県烏江鎮）で最期を迎えるのでした。

長安とその近郊――長安城内・五陵・渭城

大唐帝国の都である長安《ちょうあん》は、現在の陝西省の省都、西安にありました。隋の都であった大興城をそのまま継承し、発展した長安は、岑参《しんじん》（七一五?～七七〇）が「長安城中《じょうちゅう》　百万《ひゃくまん》の家《いえ》」（「秋夜　笛を聞く」）と詠んだように、人口は一〇〇万から一五〇万、常に数万人の外国人が滞在したといわれる、世界最大の国際都市でした。

盧照鄰《ろしょうりん》（六三四？～六八〇？）の「長安古意《こい》」は、長安城内の繁華な様子と権力者たちの奢侈を風刺した大作です。古意とは擬古と同じ意です。詩の冒頭部分には、長安の華やかな賑わいぶりが描かれました。

長安ノ大道連ナル㆓狭斜ニ㆒
青牛白馬七香車
玉輦縦横過リ㆓主第ニ㆒
金鞍絡繹向フ㆓侯家ニ㆒

長安の大道《だいどう》　狭斜《きょうしゃ》に連《つら》なる
青牛《せいぎゅう》　白馬《はくば》　七香車《しちこうしゃ》
玉輦縦横《ぎょくれんじゅうおう》　主第《しゅてい》に過《よぎ》り
金鞍絡繹《きんあんらくえき》　侯家《こうか》に向《むか》ふ

長安の大通りは、いくつもの路地と交叉している。その道を、車を引く黒い牛、白馬、七種類の香をさげた女性用の美しい車が行き交う。玉で飾った車は縦横に往来し、公主の屋敷を訪れ、黄金の鞍を付けた騎馬はひっきりなしに王侯の邸宅へと向かう。

豪奢な人々の行きかう様子、美しい春景色は、「竜《りゅう》は宝蓋《ほうがい》を銜《ふく》みて朝日《ちょうじつ》を承《う》け、鳳《ほう》は流蘇《りゅうそ》を吐《は》きて晩霞《ばんか》を帯《お》ぶ、百丈《ひゃくじょう》の遊糸《ゆうし》は争《あらそ》ひて樹《き》を繞《めぐ》り、一群《いちぐん》の嬌鳥《きょうちょう》は共《とも》に花《はな》に啼《な》く」と、この後も続きます。

李白の「少年行《しょうねんこう》」には、〝国際都市〟長安の一面が垣間見られます。「少年行」とは楽府題で、遊侠の若者を詠います。

五陵ノ年少金市ノ東
銀鞍白馬度ル二春風ヲ一
落花踏ミ尽クシテ遊ブ二何処ニカ一
笑ヒテ入ル胡姫ノ酒肆ノ中

五陵《ごりょう》の年少《ねんしょう》　金市《きんし》の東《ひがし》
銀鞍《ぎんあん》　白馬《はくば》　春風《しゅんぷう》を度《わた》る
落花《らっか》踏《ふ》み尽《つ》くして　何処《いづこ》にか遊《あそ》ぶ
笑《わら》ひて入《い》る　胡姫《こき》の酒肆《しゅし》の中《なか》

五陵の少年たちは、金市の東の繁華街で、銀鞍の白馬に乗り、春風の中を進む。道を覆う花びらを踏み尽くし、どこに遊びに行くのやら。笑いながら入ったのは、青い目の胡姫のいる酒楼。

「五陵」は、長安の北郊、渭水の北岸にある前漢の五人の皇帝の墓で、東から陽陵（景帝）、長陵（高祖）、安陵（恵帝）、平陵（昭帝）、茂陵（武帝）を指します。この付近には、政治、経済上の有力者が多く住んでいました。「金市」は、長安の商業地、西市の美称とされます。そして「胡姫」は、ペルシャ系の女性を指します。

渭城《いじょう》は、現在の陝西省咸陽市の東北、長安から西北、渭水北岸にあったまちです。ここは、長安から西域へ旅立つ人を送別する場所でした。王維《おうい》（七〇一？～七六一）の「元二《げんじ》が安西《あんせい》に使《つか》ひするを送《おく》る」は、「渭城曲」、「陽関曲」などとも称され、曲をつけて愛唱された詩です。元二とは「元」が姓で、「二」は〝輩行《はいこう》〟、一族の中で同世代の人々の年の順序のことですが、その二番目の意味です。安西は新疆ウイグル自治区の庫車《クチャ》で、唐代には安西都護府が置かれ、西方国防の要衝でした。

渭城ノ朝雨浥シ二軽塵ヲ一
客舎青青柳色新タナリ
勧ムレ君ニ更ニ尽クセ一杯ノ酒
西ノカタ出ヅレバ二陽関ヲ一無カラン二故人一

渭城の朝雨《ちょうう》　軽塵《けいじん》を浥《うるほ》し
客舎《きゃくしゃ》　青青《せいせい》　柳色《りゅうしょく》新《あら》たなり
君《きみ》に勧《すす》む　更《さら》に尽《つ》くせ　一杯《いっぱい》の酒《さけ》
西《にし》のかた陽関《ようかん》を出《い》づれば故人《こじん》無《な》からん

渭城で降る朝の雨は、細やかな土ぼこりをしっとりと濡らし、宿の柳は青々と鮮やかさを増した。君、もう一杯飲み干したまえ。西へ行き、陽関を出てしまえば、もう友人などいないのだから。

第四句の「陽関」は、甘粛省敦煌県の西南で、漢代に関所が置かれました。中国と西域の境界として重要視された地でした。

辺境――涼州

「辺塞詩《へんさいし》」は、長安北西の荒涼とした辺境地帯を詠う詩を言います。唐の領土拡大は、国境防衛の為に、多くの官吏と兵士をこの地に派遣する必要がありました。こういった時代背景の下、砂漠、異国情緒あふれる文化や文物に詩人たちの関心が向かい、この「辺塞詩」というジャンルが誕生したのです。もちろん辺境での体験がもととなった作品もありますが、実際「辺塞詩」の多くは、詩人たちの虚構であったようです。

「辺塞詩」の中に、「涼州詞《りょうしゅうし》」という作品があります。涼州は今の甘粛省武威《かんしゅくしょうぶい》です。唐代は西域統治、及び西北戦略における要地であり、またブドウや梨の栽培、ブドウ酒の醸造で知られた都市でした。そして「涼州詞」は楽府題で、西北から伝わった歌曲に合わせて作った歌詞のことです。同じ題で何人もの詩人が詠んでいますが、ここでは王翰《おうかん》（六八七？～七二六？）と王之渙《おうしかん》（六八八～七四二）の詩を取り上げてみたいと思います。

王翰「涼州詞」

葡萄ノ美酒夜光ノ杯
欲スレバレ飲マント琵琶馬上ニ催ス
酔ヒテ臥ス二沙場ニ一君莫カレレ笑フコト
古来征戦幾人カ回ル

葡萄《ぶどう》の美酒《びしゅ》　夜光《やこう》の杯《はい》
飲《の》まんと欲《ほっ》すれば琵琶《びわ》　馬上《ばじょう》に催《うなが》す
酔《ゑ》ひて沙場《さじょう》に臥《ふ》す　君笑《きみわら》ふこと莫《な》かれ
古来《こらい》　征戦《せいせん》　幾人《いくにん》か回《かへ》る

葡萄のうま酒を注いだ夜光のグラス。飲もうとすると、馬上から琵琶の調べが起こり、飲み干すようにとせきたてる。酔っぱらって砂漠に突っ伏しても、君、笑わないでおくれ。これまでに戦《いくさ》に出て戻ってきた者は、一体幾人いようか。

「葡萄の美酒」、「夜光の杯」、「琵琶」など西方からの文物に彩られた前半部、一転して辺境に出征する兵士の悲壮感を滲ませる後半部。豪放でエキゾチックな雰囲気は、この詩の最大の魅力でしょう。

王之渙「涼州詞」

黄河遠ク上ル白雲ノ間
一片ノ孤城万仞ノ山
羌笛何ゾ須ヒン怨ムヲ二楊柳ヲ一
春光不レ度ラ玉門関

黄河《こうが》　遠《とほ》く上《のぼ》る　白雲《はくうん》の間《かん》
一片《いっぺん》の孤城《こじょう》　万仞《ばんじん》の山《やま》
羌笛《きょうてき》　何《なん》ぞ須《もち》ひん　楊柳《ようりゅう》を怨《うら》むを
春光《しゅんこう》　度《わた》らず　玉門関《ぎょくもんかん》

黄河を延々と遡り、白雲の沸き立つ辺りへとたどり着く。そこには険しい山と、山上に小さなまちが一つあるだけ。ここで羌族の笛で「折楊柳」の曲を吹いても仕方ない。この玉門関には春の光が届かず、手折る柳も芽吹かないのだから。

第三句「羌笛」は、西方の異民族、羌族の竹笛で、第四句「楊柳」は「折楊柳」という笛の曲のことです。旅人を送る時、柳の枝を折って送る風習があり、ここではそれを踏まえています。「玉門関」は甘粛省敦煌の西にあった関所です。ここから先は唐の支配の及ばない異民族の領土であり、芽吹かない柳とともに、絶望感さえ漂わせるものでした。

王翰と王之渙には辺境に行ったという事実はありません。つまり上記の「涼州詞」は、詩人たちの虚構によるものだったのです。だからこそ、映像的でスケールの大きい、そして奇抜な表現こそが、これらの詩には好んで用いられたのでしょう。

参考文献
一海知義『漢詩入門』（岩波ジュニア新書304、岩波書店、一九九八年）
松浦友久編　植木久行・宇野直人・松原朗著『漢詩の事典』（大修館書店、一九九九年）
前野直彬注解『唐詩選』（上）（中）（下）（岩波文庫、岩波書店、二〇〇〇年）
深澤一幸『唐詩選』（角川ソフィア文庫、KADOKAWA、二〇一〇年）
福島正『史記』（角川ソフィア文庫、KADOKAWA、二〇一〇年）

▼國分智子

◉おわりに

どうすれば、漢文はおもしろく読めるのか、楽しく学べるのか

ここまでお読みになられたみなさん、漢文の読解について、どのような印象を持たれましたか。意外と簡単なんじゃないか、あるいは、これだけだとまだわからない…でしょうか。

試しに、次の白文に挑戦してみませんか？　私と一緒におさらいしてみましょう。

頼山陽《らいさんよう》という江戸時代の大詩人が漢文で書いた日本史の本『日本外史《がいし》』から、織田信長が桶狭間《おけはざま》の合戦で今川義元《いまがわよしもと》の陣営を急襲する場面を引用しました。

ヒントとして、句読点は付しておきます。ことばの意味もいくつか注記しておきますね。これを訓読して、できれば訳も考えてみて下さい。

信長乃伏旗鼓、循山而馳、至於桶狭、瞰視義元営。

信長欲下馬接戦。森可成曰、衆寡不敵。宜騎而突之。

信長曰善。乃馬上揮槍、先衆馳下。会大雷霧雨昏黒。

我兵鼓譟、斫営而入。敵衆大驚擾乱、不知所出。

〔語注〕○乃　「すなはち」と訓む。○循　「したがつて」と訓む。○瞰視　見下ろす。

○衆寡不敵（衆寡敵せず）　人数の少ないものは、多いものに勝てない。　○揮　「ふるふ」

と訓む。

暗になること。○会　「たまたま」と訓む。折しも。ちょうどその時。○昏黒　周囲が真っ暗になること。○鼓譟　太鼓を打ち鳴らし、ときの声をあげること。○斫　斬り込む。

○擾乱　乱れ騒ぐこと。

右の語注は、今回は参考として掲げましたが、実際に自分で漢文を読んでいく時には、漢和辞典を利用するのがよいでしょう。どの漢和辞典でも、書店で手に取って、使いやすいと感じたものを買っておけば十分です（個人的には、国語辞典・漢和辞典・英和辞典は各戸に一つずつはあってほしいと思います。電子辞書でももちろんかまいません）。本格的に取り組もうとする場合には、『大漢和辞典』（大修館書店）という、非常に詳細な説明が書かれているものがありますが、これはより専門的に研究する場合に利用すればよいでしょう。

漢和辞典は、学び始めた初期には、とにかくまめに引くのがよいと思います。部首と画数によって引くやり方だと漢字の形や意味が機能的にわかってよいのですが、音訓の読みでも引くことができ、こちらの方がやりやすいかもしれません。各項目に書かれている漢字の意味や、熟語に慣れ親しんでいくことで、漢文を読む力も上がってきます。

たとえば、若い女性の名前に多い「彩」を引こうとした場合、「色彩」という熟語がありますから、「さい」という音で引けるでしょう。訓は「いろどる」です。部首は何でしょうか？答は「彡」です。「さんづくり」と言います。そして、「采」は八画ですから、「彡」の八画で引けます。ちなみに「彡」を部首とするものとしては他に、形・彦・彫・影・彰などがあります。

さて、本題に戻って、『日本外史』の白文を少しずつ確認してみましょう。

最初の一文は、動詞に注目していけば、むずかしくありません。「瞰視」だけ熟語になりますから、ここは、一二点の位置が「瞰二視義元営一」となります。

「而」「於」は、置き字でしたね。「而」は「して」などと訓む接続詞、「於」は前置詞でした。

そうすると、訓点はこんな感じです。

信長乃チ伏セ二旗鼓ヲ一、循ツテレ山ニ而馳セ、至リ二於桶狭ニ一、瞰二視ス義元ノ営ヲ一。

そして、こう訓読します。

信長乃《すなは》ち旗鼓《きこ》を伏せ、山に循《したが》つて馳《は》せ、桶狭に至り、義元の営を瞰視《かんし》す。

訳は、

そこで信長は旗や太鼓を伏せて、山に沿って馬を走らせ、桶狭間に到着し、義元の陣営を見下ろした。

になりますね。どうですか。わかりましたでしょうか。

次の一文には、返読文字の「欲」があります。「下」「接戦」と動詞が連なるので、訓点と訓読は、

信長欲ス㆓下リテ㆑馬ヲ接戦セント㆒　　信長、馬を下りて接戦せんと欲す

となり、訳は、信長は馬から下りて、敵に近付いて戦おうとした、です。

次のところは、森可成《もりよしなり》の発したことばです。「不」は否定を表す返読文字です。「宜」は、〜するのがよいという意味を表す再読文字です。そうすると、訓点は、

森可成曰ク、衆寡不㆑敵セ。宜シクシト㆓騎シテ而突ク㆑之ヲ。

となり、訓読は、

森可成曰く、「衆寡《しゅうか》敵せず。宜《よろ》しく騎《き》して之《これ》を突くべし」と。

になります。森可成は、「敵は多く、味方は少ないのですから、接近戦では勝てません。馬に乗り、敵陣に突っ込むのがよいでしょう」と進言したわけです。

この後は、「不知所出」にそれぞれ返り点を打っていくことぐらいが少しむずかしいだけで、あとは簡単だと思います。訓点と訓読は、

信長曰《ク》善《シト》。乃《チ》馬上《ニ》揮《ヒ》レ槍《ヲ》、先《ダツテ》レ衆《ニ》馳下《セル》。会大雷霧雨《ニシテ》昏黒《ナリ》。我《ガ》兵鼓譟《シ》、斫《ツテ》レ営《ヲ》而入《ル》。敵衆大《イニ》驚《キ》擾乱《シ》、不レ知《ラ》レ所《ヲ》レ出《ヅル》。

信長曰く「善《よ》し」と。乃ち馬上に槍を揮《ふる》ひ、衆に先だつて馳せ下る。会《たまたま》大雷霧雨《むう》にして昏黒《こんこく》なり。我が兵鼓譟《こそう》し、営を斫《き》つて入る。敵衆大いに驚き擾乱《じょうらん》し、出《い》づる所を知らず。

となります。信長は「お前の言う通りだ」と言った。そして馬上で槍をふるいながら、多くの兵士たちの先頭になって急いで下った。ちょうどその時、激しく雷が鳴り、霧のように細かい雨が降り、周囲が真っ暗になった。我が織田の兵たちは太鼓を打ち鳴らし、ときの声をあげて、義元の陣営に斬り込んだ。敵兵たちは大いに乱れ騒ぎ、どうしたらよいかわからなくなった、というのです。

織田軍の方が人数が少ないので奇襲戦法に出て、それがまんまと当たったという状況が、きびきびと描かれています。

もし、やまとことばで同じことを描写したら、もっとたくさんの字数が必要になります。

そうすると、奇襲戦を写し出すためのスピード感は失われてしまうでしょう。やまとことばにももちろん優美さとか繊細さといった良さはありますが、少なくとも戦場の描写にはあまり適さない気がします。

『日本外史』は、漢文全体からすると、少しやさしいです。なかには、とてもむずかしい、教壇に立って教えている先生でも、参考図書や辞書でしっかり勉強しないと、意味がわからないものもあります。でも、本書の巻末に載せたブックガイドを参考にして、わかりやすい解説とともに読めば、かなり多くの漢文に触れられますし、接する機会が多いほど、読解力もそれなりに付いてきます。本書をきっかけとして、みなさんもぜひ漢文に挑戦して下さい。

最後に、漢文を楽しむための私なりの提案を記しておきます。

漢文そのものが、ことばとして楽しい場合ももちろんあるでしょう。それは、そのように味わえばいいわけです。

それ以外に、マンガ、アニメ、ゲームなどで中国的なものが好きになっていて、それが勉強の原動力になる場合もあるでしょう。本書では、ほとんど触れられませんでしたが、『三国志』の世界はそういったメディアに大きな影響を与えています。ちくま学芸文庫から井波律子氏の訳が出ていて、読みやすいです。

マンガだと、個人的には『西遊記』の翻案物『西遊妖猿伝』で知られる諸星大二郎が大好きです。諸星大二郎は、中国的なものを題材にすることも多く、特に『諸怪志異1 異界録』という作品が幻想的でかつ表現に深みがあると思います。

アニメとゲームは詳しくないのでわかりません。読者の方々がご存じなのではないかと思います。

また、中国に旅してみて、思想や文学にゆかりのある地を実際に訪れてみるのも、漢文を勉強するための動機付けとしてよいでしょう。本書の第10章は、そのような目的にも対応しています。

私は教員なので、中国から来た留学生が一所懸命に勉強している場面に接すると、やはり中国への関心は高まります。

どのような動機であってもかまいませんので、さまざまに漢文的な世界にアプローチしていただけるとうれしいです。

▼**鈴木健一**

参考文献
頼成一・頼惟勤訳『日本外史』（上）（中）（下）（岩波文庫、一九七六・七七・八一年）
菅野礼行・国金海二著『漢文名作選5　日本漢文』（大修館書店、一九八四年）

ブックガイド

井波律子『中国名言集』『中国名詩集』（いずれも岩波書店）は、親しみやすくかつ味わい深いです。一頁ごとに短い漢文が掲出されており、それへの鑑賞の手引きが的確に示されます。漢文はむずかしそうだけど、まず少しだけ触れてみたいという人にはうってつけの書物です。一読して、好きだとか、ためになると思えるものには付箋を貼っておいて、めげている時にそこだけぱらぱらめくってみると元気が出ます。もしすごく気に入ったものがあれば、今度はそれが入っている書を探して読んでみればいいと思います。

また、ダイジェスト版として、大修館書店から刊行されている『漢文名作選』というシリーズもよくできています。初心者は全文を読むより、こちらの方がよいかもしれません。代表的な中国古典がほぼ収められています。

精密な注釈が施されたシリーズとしては、新釈漢文大系（明治書院）があります。一定以上の学力がある人向けです。

孔子の言行を弟子たちが筆録したとされる『論語』は、「仁（思いやり）」を最も重要視し、人徳によって世界を秩序立てようとする思想書です。説教臭いという印象を持っている人も

いるかもしれませんが、人生全般に関わる示唆に富んだ内容が盛り込まれていますので、一度は手に取ってほしい中国古典です。岩波文庫や講談社学術文庫で全体を読むことができますが、最初から一つずつ読まなくても、部分的に読んでもいいでしょう。このことは『論語』以外についても同様です。

『老子』『荘子』は、『論語』が人為的な道徳性を重んじるのに対して、無為自然を説きます。いずれも岩波文庫・講談社学術文庫で読むことができます。孔子を開祖とする一派を儒家と称するのに対して、老子や荘子の思想を継ぐ一派を道家と称します。儒家と道家が、中国を代表する思想と言えます。

『唐詩選』は、日本人が最も愛した中国漢詩のアンソロジーと言えます。杜甫や李白、白居易などの名作を堪能できます。岩波文庫で読めます。吉川幸次郎『新唐詩選』（岩波新書）も名著です。

宇野直人『漢詩の歴史　古代歌謡から清末革命詩まで』（東方書店）はかなり詳しく充実していますが、ある程度の学力を必要とします。

川合康三『杜甫』（岩波新書）、齋藤希史『漢詩の扉』（角川選書）は読みやすく、漢詩の魅力を十分に伝えてくれます。

『一海知義の漢詩道場』（岩波書店）は、陸游《りくゆう》の漢詩を読解していく勉強会をリアルに再現したものです。一海先生のやさしくも蘊蓄溢れる指導によって、なるほど漢詩はこう読むのか

と気付かされます。続編もあります。

『史記』は、中国の最も代表的な歴史書です。かなり長編なので、全編読み通すのはむずかしいと思います。先ほど挙げた『漢文名作選』で名場面を読むだけでもいいでしょう。

日本漢詩では、私が書いた『日本漢詩への招待』（東京堂出版）が、古代から近代までの名作を時代ごとの特色がわかるように解説しています。林田愼之助『漢詩のこころ　日本名作選』（講談社現代新書）、藤原克己『菅原道真　詩人の運命』（ウェッジ）、堀川貴司『瀟湘八景《しょうしょうはっけい》　詩歌と絵画に見る日本化の様相』（臨川書店）、長尾直茂『頼山陽のことば』（斯文会）、揖斐高『江戸の詩壇ジャーナリズム―『五山堂詩話』の世界』（角川叢書）、池澤一郎『江戸時代田園漢詩選』（農文協）なども読みやすいので、お勧めします。

中国・日本双方を扱った高橋睦郎『漢詩百首』（中公新書）では、詩人の感性によって洒脱な解釈が示されます。

▼鈴木健一

◉執筆者一覧

——執筆順。

鈴木健一（すずき・けんいち）

奥付参照

日原 傳（ひはら・つたえ）

法政大学人間環境学部教授。中国古典文学・日本漢文学。論文に「小野湖山「養蚕雑詩」をめぐって——蚕種製造家田島弥平との交流」（『斯文』一二〇号、二〇一一年三月）、著書に『素十の一句』（ふらんす堂、二〇一三年）など。

山本嘉孝（やまもと・よしたか）

大阪大学大学院文学研究科講師。日本漢文学・日本近世文学。論文に「山本北山の技芸論——擬古詩文批判の射程」（『近世文藝』九九号、二〇一四年一月）、「樫田北岸の「瓶話」——袁宏道受容における挿花と禅」（『雅俗』一六号、二〇一七年七月）など。

小財陽平（こざい・ようへい）

明治大学法学部准教授。日本近世文学。著書に『菅茶山とその時代』（新典社、二〇一五年）、論文に「村瀬太乙

『山陽遺稿』講義録」（『国文学研究』一七八号、二〇一六年三月）など。

堀口育男（ほりぐち・いくお）
茨城大学人文社会科学部教授。日本古典文学。論文に「「平韻皆押」三十律覚書」（『斯文』一二一号、二〇一二年三月）、「齋藤竹堂撰『鍼肓録』訳註稿」（一～十八）（茨城大学人文学部紀要『人文コミュニケーション学科論集』二～一九号、二〇〇七年三月～二〇一五年九月）、「成島柳北『航西日乗』の海」（『海の文学史』三弥井書店、二〇一六年）など。

合山林太郎（ごうやま・りんたろう）
慶應義塾大学文学部・准教授。日本漢文学（近世・近代）。著書に『幕末・明治期における日本漢詩文の研究』（和泉書院、二〇一四年）、論文に「漱石の漢詩はいかに評価・理解されてきたか？――近世・近代日本漢詩との関係性に着目して」（山口直孝編『漢文脈の漱石』翰林書房、二〇一八年三月）、「正岡子規が読んだ江戸漢詩詞華集――『才子必誦 崑山片玉』及び『日本名家詩選』について」（『藝文研究』一一三号第一分冊、二〇一七年一二月）など。

堀川貴司（ほりかわ・たかし）
慶應義塾大学附属研究所斯道文庫教授。日本漢文学。著書に『書誌学入門　古典籍を見る・知る・読む』（勉誠出版、二〇一〇年）、『五山文学研究　資料と論考』（正続）（笠間書院、二〇一一年・二〇一五年）など。

杉下元明（すぎした・もとあき）
海陽中等教育学校教諭。日本漢文学。著書に『江戸漢詩――影響と変容の系譜』（ぺりかん社、二〇〇四年）、共

著に『新日本古典文学大系　明治編　漢詩文集』（岩波書店、二〇〇四年）、『新日本古典文学大系　明治編　海外見聞集』（岩波書店、二〇〇九年）など。

高柳信夫（たかやなぎ・のぶお）

学習院大学外国語教育研究センター教授。中国近現代思想。編著に『中国における「近代知」の生成』（東方書店、二〇〇七年一二月）、論文に「斯賓塞与厳復――兼論斯賓塞思想在日本和中国的命運」、（『道家文化研究』二八号（厳復専号）、生活・読書・新知三聯書店、二〇一四年一二月）、「梁啓超の国家論におけるルソーおよびブルンチュリの位置」（『言語・文化・社会』一六号、学習院大学外国語教育研究センター、二〇一八年三月）など。

小野泰教（おの・やすのり）

学習院大学外国語教育研究センター准教授。中国近代思想史。論文に「郭嵩燾・劉錫鴻の士大夫観とイギリス政治像」（『中国哲学研究』二二号、二〇〇七年七月）、「郭嵩燾の『荘子』解釈――郭象「自得」「独化」への批判とその背景――」（『日本中国学会　第一回若手シンポジウム論文集　中国学の新局面』、二〇一二年二月）、「孫詒譲「墨子後語」の儒墨論争観」（『東洋史研究』七三巻三号、二〇一四年一二月）など。

國分智子（こくぶ・ともこ）

共立女子大学非常勤講師。日中比較文化、文学。論文に「藤田一郎と清末中国」（『太平詩文』六六号、二〇一五年六月）、「藤田一郎『清国醇親王に送りたる信書』」（『太平詩文』七〇号、二〇一六年一一月）など。

漢文《かんぶん》のルール

編者

鈴木健一
（すずき・けんいち）

学習院大学文学部教授。日本近世文学。
『江戸古典学の論』（汲古書院）、『林羅山』（ミネルヴァ書房）など。

執筆

鈴木健一
日原　傳
山本嘉孝
小財陽平
堀口育男
合山林太郎
堀川貴司
杉下元明
高柳信夫
小野泰教
國分智子

2018（平成 30）年 05 月 18 日　初版第一刷発行
2018（平成 30）年 07 月 10 日　初版第二刷発行

発行者

池田圭子

発行所

笠間書院

〒 101-0064　東京都千代田区猿楽町 2-2-3
電話　03-3295-1331　Fax 03-3294-0996　振替　00110-1-56002

ISBN978-4-305-70896-0 C0095

大日本印刷・製本
乱丁・落丁本はお取り替えいたします。
http://kasamashoin.jp/

これだけ知れば楽しく読める 10のルールをやさしく説明！

渡部泰明編

和歌のルール

ISBN978-4-305-70752-9 C0092
四六判・並製・カバー装・168 頁
定価：本体 1,200 円（税別）

井上泰至編

俳句のルール

ISBN978-4-305-70840-3 C0095
四六判・並製・カバー装・176 頁
定価：本体 1,200 円（税別）

笠間書院
〒 101-0064
東京都千代田区猿楽町 2-2-3 NS ビル 302
Tel.03-3295-1331　Fax.03-3294-0996　info@kasamashoin.co.jp